Elfmeter!

René Martens

Elfmeter!

Kleine Geschichte einer Standardsituation

EICHBORNS SCHRÄGE BÜCHER

René Martens, geboren 1964, lebt als Journalist und freier Autor in Hamburg. Er schreibt unter anderem für die *Süddeutsche Zeitung,* die *Financial Times Deutschland* und die *taz.* Letzte Veröffentlichung: »Wunder gibt es immer wieder. Die Geschichte des FC St. Pauli« (Göttingen 2002)

Der Autor dankt Stefan Osterhaus, der die Ursprungsidee für dieses Buch mitentwickelt hat.

1 2 3 4 05 04 03

Lektorat: Oliver Thomas Domzalski
Umschlaggestaltung: Moni Port unter Verwendung einer Fotografie von © dpa (Fußball-WM '82: Der deutsche Abwehrspieler Uli Stielike verschießt am 8. 7. 1982 im Stadion von Sevilla im Elfmeterduell mit Frankreich um den Einzug in das Fußball-WM-Finale seinen Elfmeter. Am Ende behält die deutsche Elf dennoch mit 5:4 die Oberhand und zieht in das Endspiel ein. Nach 90 Minuten hatte es 1:1 und nach der Verlängerung in einem dramatischen Halbfinale 3:3 gestanden.)
Layout: Tania Poppe
Satz: Fuldaer Verlagsagentur
Druck und Bindung: Clausen + Bosse, Leck
ISBN 3-8218-3596-6

Verlagsverzeichnis schickt gern:
Eichborn Verlag, Kaiserstr. 66, D – 60329 Frankfurt
www.eichborn.de

Inhalt

1. Im Namen des Gesetzes

Eine Einleitung

»Die Angst des Tormanns
beim Elfmeter
heißt ein Roman
von Handke Peter
– doch größer ist die Angst
des Schützen:
Wird mein Elfmeter
wohl auch sitzen?«
(Thomas Schleiff)

Die Standardsituation, der dieses Buch gewidmet ist, hat viele geflügelte Worte nach sich gezogen – aber ausgerechnet die bekanntesten sind am heftigsten umstritten. So kann man, zusammen mit dem Theologen Schleiff, der für den Sammelband »Fußball und Kirche. Wunderliche Wechselwirkungen« seine oben zitierte Antwort auf Handke reimte, mit Fug und Recht zweifeln am Sinngehalt des berühmten Buchtitels (ganz abgesehen davon, dass man mit Rainer Moritz, einem renommierten Exegeten fußballerisch inspirierter Drucksachen, die »angestrengte Prosa« des Großdichters bekritteln wird). Aber angenommen, Handke hätte tatsächlich Unrecht: Liegt dann zwangsläufig Schleiff richtig, wenn er auf die Furcht des Exekutierenden anspielt? Nelson Mandela würde darauf mit einem entschlossenen Jein antworten. »Penalties do not deter men when their conscience is aroused«, sagt der Staatenlenker. Sehr frei ins Fußballdeutsche übersetzt: Männer, die mentalmäßig gut drauf sind, fürchten auch den Elfmeter nicht. In seiner weisen Einschätzung, die die englische Vereinigung »Philosophy Football« auf T-Shirts druckte, macht Mandela wohlgemerkt keinen Unterschied zwischen dem Schützen und dem Torwart.

Auch der Philosoph Mihai Nadin sieht im Keeper, der einen Elfer erwartet, definitv keinen Angsthasen. Vielmehr, so der Schwerdenker aus Rumänien, verkörpere der Mann auf der Linie in diesen Momenten ein wesentliches Merkmal der Gattung Mensch: »Man kann berechnen, dass ein Torwart beim Elfmeter – rein physikalisch – nicht genug Zeit hat, um rechtzeitig zu reagieren«, sagt Nadin. »Nicht selten erwischt er den Ball aber trotzdem, weil er vorwegnimmt, was der Schütze tun wird. Sein Gehirn schaut also in die Zukunft, es erzeugt Möglichkeiten. Jeder von uns tut ähnliche Dinge, ohne dass ihm dies bewusst ist. Wenn wir einen Hammer in die Hand nehmen, sind wir gedanklich schon beim Hämmern.«

Warum aber – und das ist vorab die vielleicht wichtigste Frage – haben wir es überhaupt mit Elf Metern zu tun? Um zu einer Antwort zu kommen, müssen wir kurz das Spielfeld verlassen und den Brauchtumsforscher und Literaturwissenschaftler Dietz-Rüdiger Moser zu Rate ziehen. Die Zahl elf sei, schreibt er Bezug nehmend auf die Bibelauslegung im Mittelalter, »ein Sinnbild der Sünde, weil sie die Zehnzahl des Dekalogs überschreitet. Sie kennzeichnet deshalb den Menschen, der die gegebene Norm übertritt«.

Aus den religions-arithmetisch inspirierten Überlegungen folgt, dass »eine Fußballelf offensichtlich nichts anderes ist als die zur Mannschaft gewordene Übertretung«, sagt der Fußballhistoriker Christoph Bausenwein. Und, um endgültig zu unserer Sache zu kommen: »Eine Elf wird mit einem Elfmeter … bestraft, weil sie die Fußballgesetze übertreten hat.« Kleingeister könnten hier einwenden, dass der Erfinder des Elfmeters ein Ire war, dem seinerzeit vielmehr die Zahl zwölf im Kopf herumspukte – schließlich drückt man die Distanz zwischen Strafstoßpunkt und Torlinie im englischen Sprachraum in Yards aus. Aber das wäre ein unhistorischer Einwand. Schließlich waren die Iren seinerzeit ebenso verfeindet mit den Engländern (die den Fußball damals unangefochten beherrschten) wie die Deutschen. Die Väter des Elfmeters – 1891 formulierten sie ihr Gesetz – legten die Entfernung also eben deshalb bei exakt zwölf Yards fest, weil sie wussten, dass das in der deutschen Messung elf Metern entsprach – und dass die Deutschen Spitze waren im kühlen Exekutieren von Strafmaßnahmen. Eine wahrlich weitsichtige Entscheidung also, denkt man beispielsweise an das WM-Halbfinale 99 Jahre später oder an das EM-Halbfinale 105 Jahre danach, als die Engländer im Elfmeterschießen an den Deutschen scheiterten.

Damit sind wir bei der Situation, in der Elfmeter am stärksten emotional aufgeladen sind – wenn ihnen kein Regelverstoß vorausgegangen ist, den sie wieder ausgleichen, sondern ein Spiel, das 120 Spielminuten lang keinen Sieger gefunden hat. Strittig ist allerdings, ob ein Elfmeterschießen – beziehungsweise ein *Penalty shoot-out*, ein *Tirs au bout, ein Strafschoppen* oder ein *Straf-Tschoppe*, wie man andernorts sagt –, ob also ein derartiges Finale nun illustriert, dass die vorangegangene Partie äußerst schlecht war oder äußerst unterhaltsam. Müsse ein Spiel derart entschieden werden, sei das »ein untrüglicher Indikator für Defensiv- und Angsthasenfußball, für Mannschaften, die vordringlich das Ziel haben, nur nicht zu verlieren, um sich im Elfmeterschießen am Gegner vorbeizumogeln«, proklamiert zum Beispiel das Fachblatt *Der tödliche Pass*. Das Gegenteil ließe sich belegen mit den packenden bis berauschenden WM-Spielen zwischen Deutschland und Frankreich 1982, Frankreich und Brasilien 1986, Deutschland und England 1990 sowie Argentinien und England 1998, die allesamt derart ausgeglichen waren, dass nur noch Penaltys helfen konnten.

Viele Zeitgenossen haben über die ethnographischen Unterschiede sinniert, die beim Elfmeterschießen zu Tage treten. Sammy Kuffour etwa, der Abwehrspieler des FC Bayern. Nachdem Paulo Sergio beim Champions-League-Finale gegen Valencia im Mai 2001 einen Strafstoß verschossen hatte, sagte sein Mannschaftskamerad aus Ghana: »Ich habe gedacht, Sergio ist Brasilianer. Aber wie er den Elfmeter geschossen hat – wie ein Finne.« Und der Schauspieler Peter Ustinov will beobachtet haben, dass »die Deutschen beim Elfmeterschießen das Ziel sehen und die Engländer den Torwart«. Die Deutschen beherzigen halt das Erfolgsrezept Gerd Müllers: »Man muss nicht versuchen, am Torwart vorbeizuschießen, sondern ins Tor.«

Doch ob Brasilianer oder Finnen, ob Engländer oder Deutsche: Wenn sie ein Elfmeterschießen gewonnen haben, verhalten sich fast alle gleich. Nach dem entscheidenden Schuss rennt der erfolgreiche Schütze jubelnd in Richtung Mittellinie, von wo aus die Kameraden ihrerseits in seine Richtung rennen und sich dann nacheinander auf ihn stürzen, bis sich ein unübersichtliches Knäuel bildet. Torleute hingegen warten gerne in Siegerpose, bis die Kollegen ihn bespringen. Das Ergebnis ist dasselbe: ein unübersichtliches Knäuel.

Welche Bedeutung jener Punkt, von dem aus so viel Glück und Elend in die Welt gebracht werden, in der Fußball-Mythologie spielt, unterstreicht eine Art Elfmeter-Krimi, den das Leben im Mai 2001 in Düsseldorf schrieb. Ein »kommando rettet fortuna« grub im Stadion am Flinger Broich damals die beiden Elfmeterpunkte aus und »entführte« sie, wie es im Bekennerschreiben hieß, um die Stadt und ortsansässige Unternehmen zur Unterstützung des darbenden Vereins zu bewegen. So schrieb Düsseldorf zum letzten Mal Fußballgeschichte. Ein Jahr später stieg die Fortuna in die 4. Liga ab – und ungefähr zur selben Zeit zerschlug sich die Chance, in der Stadt jemals wieder ein Elfmeterschießen von Bedeutung zu erleben, weil man im Wettbewerb um die Austragungsorte für die Weltmeisterschaft 2006 scheiterte.

»Über einen Elfmeter könnte man halbe Romane schreiben«, hat Petar Radenkovic einmal gesagt, der das Kunststück fertigbrachte, in seiner Bundesligakarriere exakt elf Elfmeter zu halten. Wir denken, im Jahre 111 nach der Erfindung des Elfmeters tut es auch ein ganzer Nicht-Roman.

2. Die Iren sind schuld

Elfmeter und Elfmeterschießen – zur Geschichte der Regeln

»Er mochte es, dass alles in seinem Bezirk Ecken hatte: der Strafraum, der Torraum, der Holzrahmen ... Er liebte diese rechten Winkel, sie gaben ihm Sicherheit. Das einzige in seinem Reich, was keine Ecken hatte, war der Elfmeterpunkt. Ein großer, fetter, runder Kreideklecks, der aussah, als ob ein blödes Vieh von Riesentaube sich entschlossen hätte, genau in die Mitte von Duffys Polizeibezirk abzupladdern: plitsch. Jemand müsste diesen Dreck beseitigen, dachte Duffy. Er stört mich. Er mochte den Elfmeterpunkt nicht. Vor allem war er viel zu dicht am Tor.«
(Der Detektiv und Hobbytorwart Duffy in »Abblocken« von Dan Kavanagh)

Einer der ersten großen Skandale in der Geschichte des professionellen Fußballs spielte sich am 14. Februar 1891 ab, als sich im Viertelfinale des englischen FA-Cups Stoke City und Notts County duellierten. Kurz vor Schluss führte die Gästeelf mit 1:0, ehe der Torwart aus Nottingham doch noch überwunden wurde. Der Sieg schien dahin. Darf nicht sein, durchfuhr es da seinen auf der Torlinie stehenden Verteidigerkollegen John Hendry. Und so rettete er für den bereits ausgeschalteten Goalie – allerdings mit der Hand. Das war ein Affront. Denn Fußball verstand sich seinerzeit noch als Gentlemensport. Wer absichtlich gegen die Regeln verstieß, lief Gefahr, als Aussätziger zu gelten. Die unmittelbare Strafe für Hendry und sein Team wirkt dagegen aus heutiger Sicht äußerst milde: Stoke bekam einen indirekten Freistoß auf der Torlinie zugesprochen. Mit einem Elfmeter für Stoke konnte der Schiedsrichter das Handspiel nicht ahnden, denn der stand noch gar nicht im Regelwerk. Also stellten sich die Spieler aus Nottingham direkt vor den Ball, so dass es ihnen ein Leichtes war, den folgenden Schuss abzublocken.

Trotzdem hatte Hendrys Hand- ein Nachspiel: Seine Nachfahren dürfen sich rühmen, dass ihr Ahn mit seiner unsportlichen Tat die Einführung des Strafstoßes forcierte. Rund vier Monate nach dem Spiel in Stoke, auf einer Versammlung im Alexandra Hotel zu Glasgow am 2. Juni 1891, führte der International Football Association Board die Elfmeterregel ein. Ein Jahr zuvor hatten die Hierarchen einen entsprechenden Vorschlag noch zu Fall gebracht.

Von nun an gab es endlich eine adäquate Sanktion für Regelverstöße im Strafraum, mit denen Gegentore vereitelt werden sollten. Wie die anstößige Innovation nach Meinung der Football Association umzusetzen sei, las sich in der Übersetzung eines Herrn Heineken, der sie für seinen 1898 erschienenen Klassiker »Das Fußballspiel« niederschrieb, wie folgt:

»Der Ball muss nach vorn getreten werden, ist nach dem Stosse im Spiele und kann daher sofort ein Mal gewinnen, nur darf der Stossende nicht eher den Ball weiterspielen, als bis der letztere von einem anderen Spieler berührt wurde.«

Heineken weist darüber hinaus auf einen Passus hin, der deutlich macht, was die Elfmeterregel der Fußball-Steinzeit von der unterscheidet, die uns geläufig ist:

»Der Strafstoss darf nur dann erlaubt werden, wenn ein Spieler innerhalb II m von seiner Mallinie entweder einen Gegner absichtlich schiebt oder von hinten anläuft oder Bein stellt oder hält oder absichtlich den Ball mit der Hand spielt.«

Zerren am Trikot galt also nicht als strafstoßwürdiges Vergehen? Genau. Viel wichtiger ist allerdings die Formulierung »innerhalb 11 m von seiner Mallinie«. Auf den Spielfeldern des 19. Jahrhunderts gab es noch keinen 16-Meter-Raum – das Areal, in dem die genannten Regelwidrigkeiten von nun an mit einem Elfmeter geahndet wurden, war vielmehr durch eine Linie begrenzt, die elf Meter vom Tor entfernt war und sich über das gesamte Spielfeld erstreckte. Der Strafraum, wie wir ihn kennen, existiert erst seit 1902/03 – und der Halbkreis am oberen Ende wurde erst weitere zwanzig Jahre später erfunden, um zu verhindern, dass sich die Spieler der verteidigenden Mannschaft beim Elfmeter direkt hinter dem Schützen aufreihen.

In den ersten zehn Jahren der Elfmetergeschichte existierte noch nicht einmal der Punkt, der heute so gern ominös genannt wird. Auch dieser wurde erst in der Saison 1902/03 eingeführt. Bis dato konnte man einen Strafstoß also von jeder beliebigen Stelle der Elfmeterlinie ausführen. Dass sich jemals jemand den Ball in der Nähe der Außenlinie zurechtgelegt hätte, ist allerdings nicht überliefert.

Als Erfinder des Elfmeters gilt der Leinenfabrikant William McCrum, der darüber hinaus beim irischen Club Milford Everton im Tor stand und der Irish Football Association angehörte. Vorangetrieben hatte den Vorschlag sein Funktionärskollege Jack McReid, der den irischen Verband auf internationaler Ebene repräsentierte. Folgt man dem Fußballhistoriker Clark Miller, so glaubten seinerzeit allerdings die meisten Spieler, Funktionäre und Journalisten, dass die Idee der Iren den »integren Ruf der Fußballspieler« beschädige. Schließlich bedeutete das neue Gesetz ja das Eingeständnis, dass die Kicker ständig zu regelwidrigen Methoden griffen.

Der erste Elfmeterschütze in der Geschichte des Fußballs trägt übrigens einen Nachnamen, den man normalerweise mit der Comic-Historie verbindet: Dalton. Der in Irland geborene Amerikaner, der so hieß wie die Widersacher Lucky Lukes, traf im August 1891 bei einem Spiel zwischen den Canadians und dem Linfield FC in Belfast von der Mallinie.

Wie unausgegoren die neue Regel anfangs war, zeigte sich schon ein paar Monate nach ihrer Einführung: Bei einem Spiel zwischen Stoke City – die schon wieder! – und Aston Villa entschied der Schiedsrichter kurz vor Spielende auf Penalty für die Gastgeber. Doch Stoke frohlockte zu früh. Ehe sich einer ihrer Kicker den Ball zurechtlegen konnte, schnappte sich der pfiffige, wenngleich nicht sehr gentlemanhafte Keeper aus Birmingham das Leder und drosch es so weit weg, wie er konnte. Der Ball tauchte erst wieder auf, als die Spielzeit schon abgelaufen war, und so konnte der Elfmeter nicht mehr ausgeführt werden – der Schiedsrichter hatte, vollkommen regelkonform, bereits abgepfiffen. Innerhalb eines Jahres waren die Kicker aus Stoke also zum zweiten Mal die Gelackmeierten. Ob sich der Unparteiische und der Gästetorwart hernach hooliganähnlicher Übergriffe erwehren mussten? Die Chronisten berichten nichts davon. Klar war jedenfalls, dass die Elfmeterregel einen Zusatz benötigte. Und so galt fortan: Verhängt der Schiedsrichter während der Spielzeit einen Elfmeter, wird der auch ausgeführt – komme, was wolle. Immerhin rund 120 Jahre dauerte es, bis sich herausstellte, dass die Gesetzesverfasser ihre Rechnung ohne die Naturgewalten gemacht hatten: Es begab sich im Sommer 2002 bei einem Erstligaspiel auf den Faröer-Inseln – B86 Toftir und B36 Torshavn spielten gegeneinander –, dass sich ein Strafstoßschütze gleich zweimal den Ball vergeblich zurechtlegte, weil der Wind das Spielgerät beide Male weg vom Punkt blies, ehe es zur Exekution kam. Der Schiedsrichter brach das Spiel daraufhin genervt ab.

In den Flegeljahren des Elfmeters kursierten diverse kurios anmutende Reformvorschläge. Der schottische Verband zum Beispiel schlug mehrfach vor, die Elfmeterzone auf 30 Yards (= ca. 27,5 Meter) ausdehnen. Die Kiltträger plädierten des Weiteren, der Schiedsrichter solle einen Elfmeter nur dann pfeifen, wenn er glaube, die regelwidrige Aktion habe mit Sicherheit ein Tor verhindert. Und die Gegner nannten den Penalty immer noch »Death penalty« – »Todesstrafe«. Sie glaubten, er symbolisiere die Entartung des Gentlemanzeitvertreibs zu einem professionellen Sport, ergo: den Tod des Fußballs.

Die Abneigung insbesondere der Engländer gegen den Elfmeter trieb kuriose Blüten. Die Corinthians etwa, Ende des 19. und Anfang des 20. Jahrhunderts das führende Amateurteam, ignorierten die Strafstoßregel rund zehn Jahre lang, weil sie jedes Foul für unabsichtlich hielten. Es sei gegen alle Gesetze der Fairness, aus einem Elfmeter Profit zu ziehen, proklamierten sie. Bekamen die Corinthians einen zugesprochen, schob der Schütze den Ball bedächtig zum Torwart, wurde einer gegen sie verhängt, ging der Keeper aus dem Tor oder stellte sich an den Pfosten, um den Ball passieren zu lassen – ähnlich wie rund ein halbes Jahrhundert später Walter Hudelmaier von den Sportfreunden Stuttgart, der in der Saison 47/48 im Spiel gegen den SV Waldhof aus Verärgerung über einen Elfmeter den Kasten verließ, oder in den 80er-Jahren gleich mehrmals Uli Stein (Arminia Bielefeld/HSV/Eintracht Frankfurt). Heute werden Elfmeter nur noch äußerst selten absichtlich verschossen. Außer im Film natürlich. In »Mean Machine – Die Kampfmaschine« (2002) lässt sich Danny Meehan, Kapitän der englischen Nationalmannschaft – gespielt vom Blutgrätscher Vinnie Jones, der sich nach dem Ende seiner Kickerkarriere als Schauspieler versuchte –, von den Deutschen bestechen und verschießt gegen sie einen Elfmeter. Hinterher landet er sogar im Gefängnis. Nicht ganz so schlimm erging es im wirklichen Leben dem Brasilianer Edmundo. Er wurde 2001 von seinem Club Cruzeiro gefeuert, nachdem er – höchstwahrscheinlich absichtlich – einen Strafstoß gegen seinen Leib- und Magenclub Vasco da Gama verschossen hatte. Und noch glimpflicher kam 1990 der kurz zuvor für die damalige Weltrekordsumme von elf Millionen Dollar zu Juventus Turin gewechselte Roberto Baggio davon, als er sich weigerte, einen Elfmeter gegen seinen Ex-Club Fiorentina zu schießen – obwohl er der reguläre Strafstoßschütze seines neuen Klubs war. Sein wütender Trainer nahm ihn zur Strafe vom Platz. Dafür wurde der Star nach dem Spiel von den Florentiner Fans gefeiert.

Auf ähnliche Skepsis wie der Elfmeter Ende des 19. Jahrhunderts stieß knapp einhundert Jahre später auch die Einführung des *Elfmeterschießens*, mit dem Wiederholungsspiele verhindert oder zumindest in ihrer Zahl begrenzt werden sollten. Als im November 1991 in England erstmals ein Pokalspiel nach Shootout entschieden wurde – Scunthorpe verlor mit 6:7 gegen Rotherham –, jammerte der Manager des unterlegenen Clubs: »Die Schönheit des Cups lag immer im David-und-Goliath-Aspekt. Der Cup ist in Gefahr, diese Magie nach 120 Jahren zu verlieren.« Bei allem Verständnis für den Frust des Verlierers: Die Argumentation entbehrte jeder Logik, denn tatsächlich stiegen ja die Chancen der Davids, sich im Pokal durchzusetzen, weil seither nach spätestens zwei Spielen eine Entscheidung gefallen sein muss. Zuvor hatten die Briten ihre Pokalspiele unverdrossen so lange wiederholt, bis sich ein Team – meist das höherklassige und damit konditionsstärkere – durchgesetzt hatte.

Die FIFA hatte das Elfmeterschießen bereits 1970 eingeführt. Angestoßen wurde dies durch ein Plädoyer des israelischen Funktionärs Michael Almog in der Zeitschrift *FIFA News*. Sein Vorschlag hatte zunächst darunter zu leiden, dass gleichzeitig mehrere obskure Reformideen kursierten. So wurde zum Beispiel wieder einmal die uralte schottische Idee vom 30-Yards-Strafraum aufgewärmt.

Die entscheidende Versammlung fand kurz nach der WM statt: am 27. Juni 1970 – wie bei der Einführung des Strafstoßes übrigens in Schottland, diesmal im Caledonian Hotel von Inverness. Doch es sollte noch lange dauern, bis das Elfmeterschießen business as usual im internationalen Fußball wurde. Bei Weltmeisterschaften blieben sie zunächst selten, weil von 1974 bis 1982 erst ab der Runde der letzten vier das K.-O.-System galt. 1990 wurden dagegen von den 14 K.-O.-Rundenspielen vor dem Finale immerhin schon vier durch Elfmeterschießen entschieden. Hernach blühten die Spekulationen: Fördert die Shootout-Regel die defensive Spielweise, weil sie beiden Mannschaften die Möglichkeit verschafft, noch außerhalb der regulären Spielzeit die nötigen Tore zu schießen? Die Befürworter der These verwiesen jedenfalls darauf, dass zwischen 1950 und 1970 in jedem K.-O-Rundenspiel der Sieger nach spätestens 120 Minuten festgestanden hatte.

Das Procedere eines Elfmeterschießens dürfte jedem Leser in seinen wesentlichen Zügen geläufig sein. Aber gilt das auch für alle Regelspezialfälle, die damals ersonnen wurden? So heißt es zum Beispiel: »Wenn der Torwart sich während des Elfmeterschießens verletzt, kann er durch einen Mitspieler ersetzt werden, der sich bereits auf dem Feld befindet, oder durch einen Auswechselspieler, vorausgesetzt, die Mannschaft hat ihr Kontingent noch nicht ausgeschöpft.« Nun – ein Trainer, der sich beim Auswechseln zurückhält, weil er befürchtet, sein Torwart könne sich beim Shootout verletzen, wird sich wohl nur schwer auftreiben lassen. Und einigen FIFA-Funktionären scheinen auch 1970 noch die Corinthians vom Ende des 19. Jahrhunderts im Kopf herumgespukt zu haben. In die »Checklist für Schiedsrichter« schrieben sie unter anderem: »Wenn die Kapitäne beider Teams darin übereinstimmen, keine Elfmeter zu schießen, um den Sieger zu bestimmen, obwohl es in den Regularien so festgelegt ist, muss der Schiedsrichter in einem Report an die für den Wettbewerb zuständigen Verantwortlichen erklären, was passiert ist.« Entsprechende Vorfälle sind allerdings nicht überliefert. Sollte einem Leser bekannt sein, dass irgendwo in der Provinz einmal dergleichen vorgekommen ist, melde er sich bitte beim Verlag. Er gewinnt ein Elfmeterschießen gegen den Autor.

In der Bundesrepublik ging das erste offizielle Elfmeterschießen am 23. Dezember 1970 über die Bühne, als sich in der ersten Hauptrunde des DFB-Pokals Schalke 04 und der VfL Wolfsburg zum Wiederholungsspiel trafen. Die 7.500 Zuschauer in der Glückauf-Kampfbahn empfanden es als befremdliches Weihnachtsgeschenk, denn der Verlauf des Elfmeterschießens zeigte, dass sich die Akteure an das neue Gesetz noch würden gewöhnen müssen: 0:1 durch Thun, van Haaren schießt vorbei, Burdenski hält gegen Krause, 1:1 durch Beverungen, Burdenski hält gegen Simon, 2:1 durch Fichtel, Eismann schießt vorbei, Günsch hält gegen Wittkamp, Matz schießt vorbei – und dann, puh, endlich die Entscheidung: 3:1 durch Pohlschmidt.

Die Shootouts häuften sich allerdings erst ab der Saison 91/92, als der DFB die Wiederholungsspiele abschaffte – im selben Jahr, als sich die Engländer endlich entschieden, im FA-Cup nach zwei unentschiedenen Spielen das Elfmeterschießen einzuführen. Dies taten sie aber nicht, weil sie urplötzlich einen Sinn für Dramatik und Gerechtigkeit entwickelt hätten. Die Initiative war vielmehr von den Polizeichefs des Landes ausgegangen, die verlangten, dass zwischen zwei Wiederholungen eines Pokalspiels mindestens neun Tage liegen müssten – ansonsten ließen sich die Einsätze nicht planen. Weil die Fußball-Verantwortlichen die Forderung nicht für umsetzbar hielten, mussten sie sich zu einer Reform durchringen. So verdanken die Briten die ungeliebte Reform letztlich den ungeliebten Hooligans.

3. Münzen, Lose, Ecken

Die Alternativen zum Shootout

»Elfmeter-
schießen ist eine
schreckliche
Erfindung« …

… so sprach nicht etwa Englands Torwartlegende Gordon Banks, sondern sein Namensvetter Tony Banks von der Labour Party, als Trostspender gefordert nach dem EM-Aus der Engländer 1996 gegen Deutschland. Mit dieser Weisheit qualifizierte er sich für höhere Aufgaben, und so wurde er 1997 Sportminister.

Nun – man kann das selbst im Mutterland des Fußballs auch anders sehen. Als sich 1971 die Non-League-Clubs Alvechurch und Oxford City in der letzten Qualifikationsrunde für den FA-Cup gegenüberstanden, gab es im altehrwürdigen Pokalwettbewerb des Fußballmutterlandes noch kein Elfmeterschießen. Die Kicker beider Vereine wären aber froh gewesen, wenn sie zum Shootout hätten antreten dürfen. Statt dessen waren sie gezwungen, zwecks Entscheidungsfindung sechs Spiele innerhalb von 16 Tagen auszutragen. In der 48. Minute der sechsten Partie nahte die Hoffnung auf ein Ende, als Alvechurch durch einen Spieler namens Hope ein Tor erzielte – und tatsächlich erwies es sich als das goldene.

Gäbe es heute noch kein Elfmeterschießen, geriete der Spielbetrieb aus den Fugen, zumindest bei den international aktiven Vereinen, deren Terminkalender ja ohnehin schon prall gefüllt ist. So beschaulich wie 1974 geht es eben nicht mehr zu: Als »Katsche« Schwarzenbeck in der letzten Minute der Verlängerung des

Landesmeisterfinales gegen Atletico Madrid mit einem kolosssalen Fernschuss zum 1:1 traf, kam es zwei Tage später eben zu einem zweiten Spiel – und das gewannen die Bayern dann triumphal mit 4:0. Aber heute? Man stelle sich vor, Borussia Dortmund müsste kurzfristig seine Champions-League-Termine verschieben, weil das dritte Pokalwiederholungsspiel bei der TSG Sprockhövel ansteht.

Wer über Elfmeterschießen mäkelt, muss Alternativen in petto haben. Sind etwa Münzwurf oder Losentscheid vernünftiger, gar gerechter? So etwas gab es beileibe nicht nur in der Steinzeit des Fußballs. Der VfL Bochum etwa stieg 1965 nur deshalb in die Regionalliga West auf, weil sich Kapitän Horst Christopeit für »Zahl« entschied, nachdem drei Spiele gegen die Spielvereinigung Erkenschwick keine Entscheidung gebracht hatten.

Und im Europacup wurden zwischen 1955 und 1970 immerhin 19 Spiele entschieden, indem Münzen geworfen oder Lose gezogen wurden – so etwa 1965 das Finale (!) des Pokalsiegercups, nachdem der 1. FC Magdeburg und Galatarasay Istanbul sich dreimal hintereinander 1:1 getrennt hatten. Die Türken zockten schließlich besser. Allein im Messe- bzw. UEFA-Cup gaben zwischen 1964 und 1970 gleich zwölfmal Los oder Münze den Ausschlag. Um nur mal die berühmten Opfer zu nennen: Barcelona, Liverpool, AC Milan, Chelsea. Die Londoner rieten wenigstens auch einmal richtig. Bevor sie 1968 das Glücksspiel gegen DWS Amsterdam verloren, waren sie zwei Jahre zuvor gegen Milan als Sieger aus dieser Prozedur hervorgegangen.

Italien gewann 1968 das Halbfinale der EM gegen die UdSSR durch Münzwurf und das Finale gegen Jugoslawien im Wiederholungsspiel. Hätte es damals schon das Elferschießen gegeben, wäre ihnen das wohl kaum geglückt. Schließlich gelten die Italiener, neben den Engländern und Holländern, auf diesem Fachgebiet heute als die größten Nieten. Über das Schicksal im

EM-Halbfinale entschied übrigens eine Zehn-Franc-Münze, die dem deutschen Schiedsrichter Kurt Tschenscher gehörte.

Den Münzwurf, der dramatisch deutlich machte, wie dringlich Reformen waren, sah die Fußballwelt dann im Frühjahr 1969 in Marseille, als sich Marokko und Tunesien in der zweiten Qualifikationsrunde für die WM 1970 nun schon zum dritten Mal gegenüberstanden, weil die ersten beiden Spiele unentschieden ausgegangen waren. Auch der Versuch Nummer drei endete remis – mit einem 2:2 nach Verlängerung; und deshalb musste eine Münze fliegen. Marokko siegte, was die Tunesier annehmen ließ, dass da etwas nicht mit rechten Dingen zugegangen war. Konnte man ihnen nicht verdenken, hatten sie doch 1962 und 1968 in der Qualifikation zur WM bzw. für die Olympischen Spiele schon zweimal nach Losentscheid verloren – und das beide Male gegen Marokko. Also protestierten die Tunesier bei der FIFA gegen »die Art, wie die Münze geworfen wurde«, und fügten Fotos und Filmsequenzen bei, aus denen hervorgehen sollte, dass Schummelei im Spiel war. An der WM durften sie zwar trotzdem nicht teilnehmen, weil den hohen Herren des Weltverbands die Indizienkette nicht stichhaltig erschien. Aber immerhin trug das von detektivischem Ehrgeiz inspirierte Schreiben der Tunesier dazu bei, dass der Vorschlag, das Spielchen mit den Losen und den Münzen durch ein Elfmeterschießen zu ersetzen, zwei Monate später offiziell auf die Tagesordnung kam. Bis die Shootout-Regel verabschiedet wurde, verging schließlich noch rund ein Jahr. In der »Check-List für Referees« merkten die Regelverfasser damals allerdings an, dass sie sich von den alten Methoden noch nicht gänzlich verabschieden wollten: Münzen oder Lose würden herangezogen, wenn das »Flutlicht ausfällt« und es nicht »in einem angemessenen Zeitraum repariert werden kann«.

Der Unterschied zwischen Elfmeterschießen und den archaischen Entscheidungsmethoden erschließt sich freilich nicht jedem Fußballer auf Anhieb. Als er in Diensten des 1. FC Union Berlin stand, bemerkte etwa der Österreicher Michael Zechner: »Elfmeterschießen ist wie mit der Münze werfen.« Da hatte er gerade selbst einen Elfer verschossen und mit dazu beigetragen, dass sein Verein im Juni 2000 das Entscheidungsspiel um den Zweitligaaufstieg gegen den VfL Osnabrück verlor – mit 8:9 n.E. Die Mühen einer ganzen Saison waren für die Katz gewesen – insofern kann man es schon nachvollziehen, dass Zechners Sinne da ein bisschen vernebelt waren.

Aber was wären die Alternativen? Von einem originellen Versuch, ein Elfmeterschießen zu umgehen, berichtet Rudi Gutendorf in seinen Memoiren »Mit dem Fußball um die Welt«. Im Halbfinale der Ost- und Zentralafrikameisterschaft kam es im November 2000 zwischen seiner ruandischen Elf und Äthiopien zu einer »zweimaligen Verlängerung«. Als hilfreich erwies sich die Verlängerung der Verlängerung allerdings nicht, denn auch hier fiel die Entscheidung erst im Elfmeterschießen (das Ruanda übrigens verlor).

Der Sportskamerad Tony Banks schlug 1991 vor, die Anzahl der Ecken und Freistöße entscheiden zu lassen. Vielleicht hätte er sich vorher mal bei den Schotten erkundigen sollen. Bei denen galt schon während des Zweiten Weltkrieges die Regel, dass nach unentschiedenem Spielausgang die erzielten Ecken Aufschluss über den Sieger geben. Die Folge: Oft genug versuchten die Teams in der Schlussphase nicht mehr Tore zu erzielen, sondern auf Deibel komm raus Ecken herauszuholen.

Überhaupt die Tommies mit ihren komischen Vorschlägen! Nachdem England zum zweiten Mal ein Shootout gegen Deutschland verloren hatte, brachte David Miller 1996 in der *Times* eine modifizierte Version von Banks' Idee ins Spiel: Endet eine Begegnung remis, entscheiden die Ecken, die im Strafraum verursacht werden. Um solche anzuzeigen, hält der Schiedsrichter eine grüne Karte hoch. Wenn er der Ansicht ist, dass der Angreifer eine Ecke bloß herausgeschunden hat, zeigt er sie nicht. Abgesehen davon, dass dann die Fehlentscheidungen überhand nähmen, weil es zum Beispiel manchmal nicht leicht zu beurteilen ist, ob eine Ecke im Strafraum verursacht wurde: Es gibt immer wieder Spiele, bei denen der Eckenstand, und sei er noch so klar, über die tatsächlichen Kräfteverhältnisse auf dem Feld recht wenig aussagt. Vielleicht dachte das auch der ehemalige englische Auswahltrainer Terry Venables, der statt dessen anregte, den Ballbesitz zu messen. Ginge ja schließlich alles problemlos, angesichts der technischen Möglichkeiten heutzutage. Aber letztlich gilt für den Ballbesitz dasselbe wie für das Eckenverhältnis: Wirklich aussagekräftig ist das keineswegs immer. So war Deutschland bei der EM 2000 während 60 Prozent der absolvierten Spielzeit im Ballbesitz – und musste wegen einer blamablen Performance zu Recht nach der Vorrunde nach Hause fahren. Zum Vergleich: Beinahe-Europameister Italien kam auf gerade einmal 40 Prozent Ballbesitz im Durchschnitt aller Spiele.

Joao Havelange, dem ehemaligen Oberpaten der FIFA, lässt sich vieles nachsagen, aber wenigstens nicht, dass er Engländer ist. Trotzdem trat er in der Endphase seiner Amtszeit mit einem höchst seltsamen Vorschlag auf den Plan. Das Elfmeterschießen, so Havelange, müsse – sozusagen prophylaktisch – *vor* der Verlängerung stattfinden. Der Publizist Clark Miller entdeckte in dieser Shootout-Variante »einige logische Fehler«. Das Team, das beim Elfmeterschießen gewonnen hat, würde in der Verlängerung mit elf Mann verteidigen, argumentierte er.

Unter anderem, um Elfmeterschießen zu vermeiden, wurde 1996 die Golden-Goal-Regel eingeführt, derzufolge das erste Tor der Verlängerung entscheidet. Und mag es auch viele Klagen darüber gegeben haben, dass ein Shootout ungerecht sei: Die Idee, eine Partie urplötzlich enden zu lassen, ist innerhalb kurzer Zeit weitaus vehementer verteufelt worden. »Schlechte Spiele werden nicht besser, nur weil sie früher enden. Und gute Spiele können nicht lange genug dauern«, urteilte die *Süddeutsche Zeitung* zum Beispiel im Sommer 2001. Für die Leser mit einem Hang zum Philosophischen legte das Blatt rund ein Jahr später nach: »Das ›Golden Goal‹ kündigt das Apriori des Fußballs auf, indem es im noch laufenden Match die Spieldauer zu einer Variable des Spielgeschehens macht.« Dies bedeute die »Selbstaufhebung des Fußballspiels«. Aus einem Beitrag des historischen Fachblatts *Libero* schließen wir zudem, dass Golden Goals irgendwie faschistisch sind – schließlich ließen die Nazis Verlängerungen von Pokalspielen auf diese Weise entscheiden. Nahezu alle Fußballfans der alten Welt jubelten jedenfalls, als im April 2002 zumindest für Europacupspiele die Golden-Goal-Regel wieder abgeschafft wurde.

Dass dies dem Elfmeterschießen jemals widerfährt, ist wohl auszuschließen. Francis Hodgson, der große Anwalt der Torhüter unter den britischen Fußballautoren, sagt, warum das gut ist. Wenn es beim Shootout zum Duell zwischen Schütze und Keeper komme, sei das für den Feldspieler »der einzige Moment im Spiel, in dem er unter dem Druck steht, der für einen Torwart völlig normal ist«, weil der sich ja ständig in Eins-zu-Eins-Situationen beweisen muss, die ein Spiel und natürlich auch eine Meisterschaft entscheiden können. So gesehen ist Elfmeterschießen allemal etwas sehr, sehr Gerechtes.

4. Auf die Couch!

Legendäre Elfmeterkomplexe

»Ich
wäre völlig aufgeschmissen,
wenn Stephen Hawking voraus-
setzen würde, dass man die
Analogie zwischen der Struktur
des Universums und verschossenen
Elfmetern begreift.«
*(Stephen Jay Gould, im Vorwort
zu »Illusion Fortschritt«)*

Am späten Abend des 4. Juli 1990 erschütterte ein kollektiver Schrei der Verzweiflung das Londoner Wembley-Stadion in seinen Grundfesten. England war im WM-Halbfinale an Deutschland gescheitert. Dies allerdings geschah nicht in London, sondern in Turin. Im Wembley-Stadion dagegen spielte am selben Abend niemand geringeres als die Rolling Stones (was im nachhinein darauf schließen lässt, dass niemand ernsthaft damit gerechnet hatte, die Engländer könnten in Italien so weit kommen). Aber viele Konzertbesucher verfolgten nur halbherzig, was die alten Herren da auf der Bühne trieben, wie der Buchautor Clark Miller erzählt: »Um mich herum Leute mit Mini-Fernsehgeräten und Radios, um die sich andere gruppierten.« Er selbst versuchte, sowohl das Spiel als auch die Stones zu verfolgen, doch »als das Elfmeterschießen begann, habe ich es aufgegeben zu heucheln, dass ich mir das Konzert anschaue«. Als Stuart Pearce Bodo Illgners Fuß traf und Chris Waddle in den Nachthimmel schoss, schauten auch Mick Jagger und seine Mannschaftskameraden zu, mutmaßt Miller. Jedenfalls hatten sie in dieser Phase zufällig gerade ihren Auftritt unterbrochen … Das WM-Halbfinale war eine in zweierlei Hinsicht historische Begegnung: weil die englische Nationalmannschaft zum ersten Mal überhaupt in einem Elfmeterschießen gestanden hatte. Und weil es »unsere beste Leistung seit 24 Jahren« war, wie der damalige englische Coach Bobby Robson formulierte. Mit anderen Worten: seit 1966, seit dem einzigen WM-Titel.

26. Juni 1996, Wembley-Stadion. Die Rolling Stones spielen nicht. Statt dessen wieder ein Halbfinale zwischen England und Deutschland. Wieder ein Elfmeterschießen. Und wieder scheitert das Team aus dem Mutterland. Spätestens seit diesem Tag hat der englische Fußball einen Shootout-Komplex.

Die beiden Niederlagen gegen die Deutschen verdienen allerdings eine differenzierte Analyse: Die Mannschaft von 1996 schoss die Elfmeter eindeutig besser als jene, die sechs Jahre zuvor angetreten war. 1990 versagten zwei der fünf ausgewählten Schützen, bei der EM im eigenen Land trafen alle Spezialisten. Erst der sechste, Gareth Southgate – einer, der also gar nicht vorgesehen war und nur deshalb schoss, weil nach fünf Elfern noch keine Entscheidung gefallen war –, verfehlte sein Ziel. Man merkte durchaus, dass die Engländer vorher Elfmeterschießen trainiert hatten.

Glenn Hoddle, der Coach der WM-Elf von 1998, hielt dies allerdings nicht für notwendig – trotz der zwei historischen Niederlagen. Und so ging es im Achtelfinale gegen Argentinien schon wieder daneben. Paul Ince und David Batty – der beim Stand von 3:4 den entscheidenden letzten Elfmeter verschoss – vervollständigten die Liste der englischen Elfmeter-Unglücksraben, und die Hoddle-Elf verlor eines der zehn besten WM-Spiele aller Zeiten. »Es war das erste Mal, dass ich gefragt worden bin, einen Elfmeter zu schießen, ich hatte vorher nicht einmal im Training einen getreten«, sagte Batty, der lediglich in einem Juniorenspiel einmal einen Elfmeter geschossen hatte. Und nicht verwandelt, by the way. Hinzu kommt: Die meisten englischen Spieler wirkten nach der 120-Minuten-Partie locker, fast ausgelassen. Offensichtlich waren sie sich bewusst, wie großartig sie gespielt hatten. Batty hingegen blickte gleich nach dem Abpfiff drein, als habe er gerade vom Tod eines nahen Verwandten erfahren. Folglich wirkte er beim Anlauf vollkommen unkonzentriert. Er schien nur einen Wunsch zu haben: die Sache möglichst schnell hinter sich zu bringen, egal wie. Warum Hoddle den Elfmeternovizen ausgerechnet auf der wichtigen Position fünf nominierte, ist bis heute eines der großen Rätsel der Fußballgeschichte geblieben. Sportminister Tony Banks grübelte darüber allerdings nicht, statt dessen versuchte er sich in Galgenhumor und empfahl – angesichts der nun schon dritten großen Shootout-Katastrophe innerhalb von acht Jahren – die Gründung einer »National Penalty Academy«.

Dass es in der Saison 99/00 einer englischen Vereinsmannschaft passierte, gleich drei Spiele innerhalb eines knappen halben Jahres nach Elfmeterschießen zu verlieren, verwunderte Experten dann kaum noch: Arsenal London schied im Ligacup gegen Middlesbrough und im englischen Vereinspokal gegen Leicester City jeweils im Achtelfinale aus, und zu schlechter Letzt erlebten die Londoner auch im Mai 2000 im wichtigsten Spiel der Saison ein Penalty-Debakel: beim UEFA-Cupfinale gegen Galatarasay Istanbul. Arsenals Fehlschützen waren in diesem Fall zwar keine Engländer, sondern ein Kroate (Davor Suker) und ein Franzose (Patrick Vieira), aber offensichtlich fühlten sie sich der Tradition des Gastlandes verpflichtet. Als im Champions-League-Finale 2001 der FC Bayern auf den FC Valencia traf, sah es für ein paar Sekunden so aus, als wolle auch der für die Münchener spielende Engländer Owen Hargreaves am Projekt Penalty arbeiten. Trainer Ottmar Hitzfeld fragte, ob er einen Elfer treten wolle, und Hargreaves bejahte. Aber es sollte nicht sein, denn, so Hargreaves: «Dann holte ich mir eine Flasche Wasser, und als ich wiederkam, sagte Hitzfeld, dass er schon fünf Schützen habe.« Offenbar hatte der Trainer sich rechtzeitig erinnert, was für einen Landsmann er da vor sich hatte.

Immerhin, die Engländer nehmen ihr Trauma inzwischen mit Humor. Im Film »Kick it like Beckham« (2002) verschießt die Teenager-Heldin Jess ausgerechnet in ihrem ersten großen Spiel für die Hounslow Harriers – natürlich bei einem Spiel in Deutschland. Als sie ihrem Trainer, den sie obendrein anbetet, ihre Scham über den Fehlschuss gesteht, sagt der locker, es sei doch ganz normal, im Elfmeterschießen gegen eine deutsche Mannschaft zu verlieren. Eher unfreiwillig komisch war indes die im Dezember 2002 vom *British Medical Journal* referierte Forderung englischer Wissenschaftler, das Elfmeterschießen um der Volksgesundheit willen abzuschaffen. Nachdem England gegen Argentinien »on penalties« verloren hatte, sei die Zahl der Herzinfarkte beispielsweise um 25 Prozent gestiegen, argumentierten die Forscher.

Sein Trauma hat England allerdings nicht exklusiv: Die Italiener etwa unterlagen gleich bei drei Weltmeisterschaften nacheinander, von 1990 bis 1998, im Elfmeterschießen – wahrscheinlich, weil sie einfach zu heißblütig sind, um in den entscheidenden Momenten cool zu sein. Vielleicht fällt ihnen aber am Elfmeterpunkt auch immer nur ein, dass sie ja Spezialisten im Verhindern von Toren sind und nicht im Erzielen. Das muss auch Gianluca Vialli durch den Kopf gegangen sein, als er 1990, ausgerechnet im eigenen Land, im WM-Vorrundenspiel gegen die USA einen Elfer versiebte – ein fast schon historischer Lapsus insofern, als es immerhin acht Jahre und vor allem 38 Elfmeter dauern sollte, bis bei einer WM wieder jemand während der regulären Spielzeit einen verschoss (Jugoslawiens Predrag Mijatovic war der Dumme). Das Halbfinale gegen Holland bei der EM 2000 gewannen die Italiener bloß, weil der Gegner sich als noch unfähiger erwies und gleich fünf von sechs Elfmetern vergab – zwei davon in der regulären Spielzeit. Frank de Boer gelang es, gleich doppelt zu versagen. Womit wir bei der Fußballnation mit dem größten Elfmeterkomplex wären.

Es dauerte bis 1985, ehe eine niederländische Mannschaft überhaupt einmal ein Elfmeterschießen auf internationaler Ebene gewinnen konnte: Sparta Rotterdam gelang es in der ersten Runde des UEFA-Cups – und das kurioserweise gegen eine deutsche Mannschaft, nämlich den HSV. Vorher hatten die Nationalmannschaft und verschiedene Clubteams fünfmal im Shootout verloren. Nur 1988 und 1991 sah es für kurze Zeit so aus, als könnte die Beziehung zwischen den Holländern und dem Elfmeter langfristig harmonischer verlaufen, denn damals gewannen PSV Eindhoven (gegen Benfica Lissabon) und Roda Kerkrade (gegen Olympique Marseille) zwei europäische Endspiele nach Shootout.

Danach aber ging es wieder abwärts, und mit der besagten EM-Schlappe gegen Italien stellten die Holländer einen neuen Rekord auf: Es war die vierte Shootout-Niederlage bei einem großen Turnier hintereinander. Zuvor war das Oranjeteam 1992 gegen Dänemark, 1996 gegen Frankreich und 1998 gegen Brasilien rausgeflogen. 2000 hatte Frank Rijkaard wenigstens während des Turniers Elfmeter üben lassen, aber das war vielen Beobachtern auch nicht recht, weil jeder am Ende einer Trainingseinheit zweimal schießen sollte, obwohl man im Ernstfall in der Regel ja nur einmal darf. Eine ganze Nation forschte damals nach den Gründen für die traditionelle Schwäche ihrer Elf. »Der holländische Fußballstar an sich ist vom Typ eher ungeeignet für solch eine Exekution«, fasste die *Süddeutsche Zeitung* zusammen. Die Nachfahren Johan Cruyffs halten Elfmeter offenbar für unter ihrer Würde, wie er selbst übrigens auch: Er ließ lieber Neeskens machen. Und prägte selbst das Bonmot: »Football is a game you play with your brain«. Und für Elfmeterschießen gilt das ja wohl erst recht. Der Berliner *Tagesspiegel* diagnostizierte bei unseren Nachbarn einen »inneren Widerwillen, sich bei großen Turnieren in einer so hässlichen Angelegenheit wie Elfmeterschießen durchzusetzen«. Eigentlich ist es überraschend, dass sich die Holländer nicht kurzerhand weigern, zum Shootout anzutreten, wenn sie sich untereinander duellieren. Im Frühjahr 2002 gewann im Viertelfinale des UEFA-Cups der spätere Sieger Feyenoord Rotterdam gegen den PSV Eindhoven tatsächlich mit 4:3 nach Elfmeterschießen – wieviele Versuche beide Mannschaften dafür brauchten, wagten wir anstandshalber nicht zu fragen.

Als Nicht-Holländer mag man sich über das traditionelle Versagen der Cruyff-Erben keineswegs grämen, garantiert dies doch beste Unterhaltung. Allein deshalb war es schon schade, dass die Niederländer bei der WM 2002 nicht dabei waren. Wenigstens wurden sie von den Iren, die Holland in der Qualifikation eliminiert hatten, angemessen vertreten, wie im Achtelfinale gegen Spanien zu sehen war: Irland versemmelte drei von fünf Elfmetern.

In Deutschland ist es vor allem der SC Freiburg, der sich, was Elfmeter angeht, den Ruf einer Versagermannschaft erarbeitet hat. Das ging los in der Bundesligasaison 96/97, als das Team von Volker Finke nur vier von neun Elfmetern verwandeln konnte. Besonders ungemütlich muss es damals im Oberstübchen von Stürmer Harry Decheiver zugegangen sein, denn er verschoss immerhin drei Elfmeter innerhalb von acht Spielen. Wir hätten es ja gern unterschlagen, aber nun muss es doch raus: Decheiver ist Holländer. Obwohl spätestens mit seinem ersten Fehlschuss offen zutage trat, dass der »Knipser« in doppelter Hinsicht ungeeignet war, griff kein Mannschaftskamerad ein, um Harry, den Unglücksraben, zu retten. Nur folgerichtig, dass Freiburg in jener Saison abstieg. Vielleicht lag es daran, dass Rodolfo Esteban Cardoso nicht mehr in den Reihen der Freiburger stand, denn der verwandelte 12 seiner 14 Bundesliga-Elfmeter für Freiburg und ist mit 14 insgesamt – vielen Dank, ran-Datenbank – auch noch der sechstbeste Elfmeterschütze der 90er-Jahre.

Und ist der Ruf erst ruiniert, verschießt es sich recht ungeniert. 1998/99, nachdem die Freiburger in die 1. Liga zurückgekehrt waren, regierte wieder das Elend, denn Marco Weißhaupt scheiterte dreimal, wobei er zweimal wenigstens im Nachschuss traf. Der Kollege Lars Hermel hingegen zielte zweimal so schlecht, dass er nicht einmal zum Nachschuss kam. In jener Saison verwandelten die Freiburger nur zwei von acht und 99/00 nur fünf von elf Elfmetern direkt. Den Höhepunkt der Fehlschussgeschichte des SC Freiburg markierte ein Vorbereitungsspiel auf die Saison 2000/2001 gegen den FC Liverpool: Sellimi und Dorn verschossen bei der 1:4-Niederlage. Gegen Engländer!

In der Saison 01/02 stand im Kader nur noch ein Spieler, der bereits fünf Jahre zuvor, als das Trauma entstand, dabei gewesen war: Andreas Zeyer. Trotzdem scheint sich der Komplex zu vererben, denn im November 2001 scheiterte der SC in der zweiten Hauptrunde des DFB-Pokals nach Elfmeterschießen am Drittligisten Darmstadt 98. Aber warum können sich die Spieler nicht befreien? Eigentlich sonnenklar: Der Name SC Freiburg steht für einen attraktiven und ästhetisch hochwertigen Stil, und – um es in Anlehnung an den *Tagesspiegel* zu sagen – seine Verfechter lehnen »hässlichen« Fußball ebenso vehement ab wie die Nachfahren Johan Cruyffs. Durch verwandelte Elfmeter zu siegen ist einfach unter ihrer Würde. So lässt sich zugespitzt durchaus sagen: Die Freiburger sind die Holländer Deutschlands.

5. Der Fußballer als Hamlet

Elfmeter, die nicht drin waren – die berühmtesten Katastrophen

Inmitten gewaltigen Gestöhnes
verschoss den Elfmeter der Hoeneß
Das Spiel ist verloren …
Mit hängenden Ohren
betrachtet der Trainer, Herr Schön, es!
(Annemarie Schimmel)

Wenn Männer zu früh zu kommen drohen, versuchen sie sich angeblich etwas sehr Trockenes und Ernüchterndes ins Gedächtnis zu rufen, und auch der niederländische Autor Hugo Borst denkt dann »normalerweise an die Inflation und solche Sachen«. Aber in seiner Kurzgeschichte »Watching the unbearable lightness of being instead of Chelsea-Arsenal« – ins Deutsche übersetzt, klingt es weniger schön, also lassen wir das mal so stehen – läuft es anders. Das eigentliche Thema seiner Story: Er will Fußball im Fernsehen sehen, sie will etwas ganz anderes. So bekommt er vom Spiel Chelsea gegen Arsenal nur die ersten 20 Minuten mit, weil sie auf Video »Die unerträgliche Leichtigkeit des Seins« sehen will, und als Arsenal gegen Port Vale spielt, ist der Interruptus noch brutaler, denn in der 115. Minute, als klar ist, dass beiden Clubs das Elfmeterschießen blüht, »schmeißt sie sich plötzlich auf mich, wie ein Torwart auf den Ball, umklammert mich und presst ihre Lippen auf meine.« Beim Sex kann er nur gelegentlich einen Blick auf den Bildschirm erhaschen. »Vergebene Elfmeter, schießt es mir plötzlich durch den Kopf. Denk an berühmte verschossene Elfmeter. Nenne zehn. Zico, Weltmeisterschaft 1986 gegen Frankreich. – Platini, selbes Spiel. – Pearce, WM 1990 gegen Deutschland. Ich sehe, wie der Ball übers Tor fliegt. – Waddle, selbes Spiel. – Southgate, EM 1996 gegen Deutschland, gehalten. – Seedorf, WM-Qualifikationsspiel 1998 gegen Türkei, übers Tor. – Van Basten, EM 1992 gegen Dänemark, in Schmeichels linke Ecke, gehalten. – Denk nicht über das nach, was du gerade tust. Mehr Elfmeter. Aber es kommen keine Bilder mehr.« Abgesehen davon, dass Borst in seiner unerotischen Phantasie beim Schuss von Pearce die Rolle Bodo Illgners unterschlägt – da fehlt doch wohl einer. Aber den hat dafür die Friedenspreisträgerin, Orientalistin und Limerickproduzentin Annemarie Schimmel für die Literaturgeschichte festgehalten: Hoeneß, EM 1976 gegen die CSSR, übers Tor.

Für Borsts Versäumnis gibt es zwei mögliche Erklärungen: Was im Kollektivgedächtnis der deutschen Fußballgemeinde als die Fahrkarte schlechthin verankert ist, ist aus internationaler Sicht eher irrelevant. Oder kam dieser Elfmeter in Borsts Phantasie nicht vor, weil er für ihn kein Debakel war, sondern ein Glücksmoment – schließlich ist der Mann Holländer. Dass die Deutschen wg. Hoeneß den Titel ausnahmsweise mal nicht gewannen, kann Borst ja nur als gerecht empfunden haben, weil sie, nicht zuletzt dank eines unberechtigten Elfmeters, zwei Jahre zuvor gegen die Niederlande unverdient Weltmeister geworden waren. Wäre dem Autor in seiner Phantasie der versagende Hoeneß erschienen, hätte das wahrscheinlich ein Gefühl der Seligkeit ausgelöst, und genau das war ja nun nicht der Sinn der Sache.

Warum aber erinnern sich eigentlich so viele Deutsche an diesen Elfmeter, aber nicht an jenen, den Hoeneß zwei Jahre zuvor im Halbfinale der Weltmeisterschaft gegen Polen versemmelt hatte? Immerhin war es der einzige, den Deutschland bei einem WM-Spiel in der regulären Spielzeit nicht verwandeln konnte. Der fußballinteressierte Germane denkt offensichtlich so: Mangelt es jemandem während der regulären Spielzeit mal an Nervenstärke oder Zielwasser, ist das ein alltäglicher Betriebsunfall, der – Ausnahmen bestätigen die Spielregel, aber davon später mehr – meistens nicht einmal als Fußnote der Fußballgeschichte taugt. Zumal die Deutschen das besagte Spiel trotz des vergebenen Elfers mit 1:0 gewannen. Wer dagegen in einem spektakulären Drama wie dem Elfmeterschießen versagt, wird die Rolle des tragischen Losers nur schwer wieder los.

Auf Hoeneß' Spuren schien 1982, bei der WM in Spanien, auch sein Vornamensvetter, Stielikes Ulrich, wandeln zu wollen. Der damals für Real Madrid kickende Mittelfeldmann, von den Machern der Comedyshow »Vox Rindvieh« als »gesichtsältester Nationalspieler aller Zeiten« bezeichnet, befand sich gerade auf dem Höhepunkt seiner Karriere, denn kurz vor dem Turnier war er spanischer Pokalsieger geworden. Und 1981 hatte man ihn sogar zu Spaniens Fußballer des Jahres gewählt. Doch dann diese Schmach im Halbfinale gegen Frankreich! Als der Gegner im Elfmeterschießen mit 3:2 führt, versagen dem Mann mit der Nummer 15 die Nerven. Der französische Keeper Jean-Luc Ettoli dagegen behält sie und hält.

Die Szene danach ist berühmt (und titelbildtauglich) geworden: Stielike sinkt weinend zusammen, und Pierre Littbarskis Tröstungsversuche wirken nicht einmal, als Toni Schumacher den Strafstoß von Bossis hält. Am Ende gewannen die Weißhemden den Shootout mit 5:4, so dass der Fehlschuss vor allem für Statistiker von Bedeutung ist. Denn danach hat die DFB-Auswahl im Elfmeterschießen nie wieder verschossen.

Ähnlich prominent wie diese beiden Nationalmannschafts-Fehlschüsse wurde der von Hoeneß' späterem Untergebenen Lothar Matthäus im Pokalfinale 1984. Waldstadion Frankfurt, Mönchengladbach gegen den FC Bayern: Die Münchener siegen, weil Matthäus im Shootout gleich den ersten Schuss ins Reich der Wolken schickt. Ausgerechnet der, der ein paar Minuten später das Borussen-Trikot für immer auszieht, um zum FCB zu wechseln. Holger Jenrich, Autor verschiedener Bücher über Borussia Mönchengladbach, gibt dem damaligen Trainer Josef Heynckes die Schuld am Spielausgang: »Dieser sture Bock wollte unbedingt beweisen, dass Matthäus ein ganzer Kerl ist und mit dem Druck umgehen kann.« Als der spätere Weltstar damals verschoss, dachten Jenrich und seine Freunde zwar »nicht, dass die Sau das absichtlich getan hat«. Viele andere Anhänger aber schon: Wann immer der Fehlschütze in den folgenden Jahren mit dem FC Bayern auf dem Bökelberg gastierte, musste er sich als »Judas« beschimpfen lassen – bis zum Ende seiner Karriere.

Die Last des prominentesten Fehlschusses der Bundesligageschichte hat Michael Kutzop zu tragen. Am vorletzten Spieltag der Saison 85/86 traf er kurz vor dem Abpfiff der Partie zwischen Werder Bremen und dem FC Bayern den Pfosten – wäre der Ball im Netz gelandet, die Bremer hätten schon die Meisterschaft feiern können. Am letzten Spieltag verspielte Werder den Titel endgültig, was Vulgärpsychologen auf Kutzops Fauxpas in diesem vorweggenommenen Endspiel zurückführten. Die anderen 15 Strafstöße, die Kutzop in der Bundesliga für Werder trat, waren alle drin.

So weit zu den – wenigen – nennenswerten Versagern deutscher Herkunft. Viel mehr von ihnen gibt es auf internationalem Feld. Und eine Sonderstellung unter ihnen nimmt sicherlich Martin Palermo ein. Beim Copa-America-Spiel gegen Kolumbien vergab der argentinische Stürmer im April 1999 gleich drei Strafstöße: Einen schoss er an die Latte, einen drüber und einen in die Hände des gegnerischen Torwarts. So verlor Argentinien die Partie mit 0:3, und hinterher drängte sich die Frage auf, worüber man sich mehr wundern sollte: über Palermos törichten Mut – normalerweise reicht ja ein Fehlschuss, um sich fortan zurückzuhalten – oder über die Lethargie von leitenden Angestellten oder Mitspielern, die offensichtlich nicht in der Lage waren, Palermo nach dem ersten Fehlschuss von weiteren Dummheiten abzuhalten.

Und warum rettete eigentlich niemand Gareth Southgate? 1996 durfte er im Shootout des Halbfinales gegen Deutschland den entscheidenden sechsten Elfer schießen, der seine Nation letztlich ins Unglück stürzen sollte. Zur Vorgeschichte schalten wir kurz rüber in Karen Duves Roman »Dies ist kein Liebeslied«, dessen Protagonistin Anna nach London gereist ist, um den Mann zu treffen, in den sie unglücklich verliebt ist. Doch weil der Herr der Träume sich lieber mit Geschäftsfreunden besagtes Spiel im Stadion anschaut, verfolgt nun auch sie, im TV, das Großereignis, als einzige Deutsche in einem Londoner Pub: »Über Sieg und Niederlage wird jetzt ein einzelner Mann entscheiden ..., und dieser Mann wird an allem schuld sein. Gascoigne trifft und schmeißt sich in Positur wie ein Bodenturner, der nach der dreifachen Schraube landet. Perfekt gestanden ... Ziege trifft und niemand kann ihm ansehen, was in ihm vorgeht ... Auch Sheringham trifft rechts. Wieder rechts ... Kuntz schießt und trifft ..., ein Mann, der vorher wusste, dass er trifft ... Southgate hat Angst ... Alle hatten sie Angst, aber alle beherrschten den Trick, ihre Angst mit irgend etwas zu verwechseln, mit Wut oder Pflichtgefühl oder Konzentration ... Southgate schießt anders, als er es eigenlich vorgehabt hat. Southgate schießt links. Links ist ein Fehler. In ohnmächtiger Wut schleudert Gascoigne seine Wasserflasche auf den Rasen ... Southgate fühlt nichts. Noch fühlt Southgate nichts. Erst jetzt sickert langsam die Verzweiflung in ihn ein …, und er begreift, dass er der unglücklichste Mensch von der ganzen Welt ist und selbst seine Mutter sich von ihm abkehren wird …

Wieviel Jahre Psychotherapie braucht man, bis man einen solchen Fehlschuss verwunden hat?«

Hm, dreieinhalb vielleicht? Im Dezember 1999 fühlt Southgate sich jedenfalls mental wieder fit genug, um einen entscheidenden Elfmeter zu treten. Sein Club Aston Villa liegt im Shootout des Ligapokalviertelfinales gegen West Ham mit 4:5 zurück. Aber die Psychotherapie, so Southgate sich denn einer unterzogen hatte, schien nicht gefruchtet zu haben: Der Versager von 1996 scheitert wieder am gegnerischen Torwart. Er kann eben nicht aus seiner Haut bzw. aus seinem Nervenkostüm: Vor dem Spiel gegen Deutschland hatte er im professionellen Fußball erst einen Elfer getreten, in der Saison 92/93 für seinen damaligen Verein Crystal Palace, in der letzten Minute des für den Klassenerhalt entscheidenden Spiels gegen Ipswich Town. Southgate traf den Pfosten. So blieb Ipswich drin, und Palace stieg ab.

Um noch einmal auf Anna zurückzukommen: Nach dem Spiel schläft sie doch noch mit dem Mann, den sie tragischerweise liebt. Und ihr erstes Wort nach dem Sex ist: »Southgate.« Vielleicht, weil ihr das Leben manchmal wie ein verschossener Elfmeter vorkommt.

Was für weitreichende Folgen ein Fehlschuss haben kann, zeigte sich auch im Frühjahr 1999 im Villa Park zu Birmingham. Das Halbfinal-Wiederholungsspiel im englischen Pokal zwischen Arsenal und Manchester United geht in die Nachspielzeit. Alles spricht für das Team aus London, weil Man U nach einem Feldverweis für Roy Keane nur noch zu zehnt spielt. Und dann noch ein Elfmeter für Arsenal! Doch Dennis Bergkamp, typisch holländisch, scheitert an Schmeichel, und in der Verlängerung biegt Man U das Spiel trotz Unterzahl noch um. Es mag nach einer jener wilden

Spekulationen klingen, die für Fußballfans so typisch sind, aber verkneifen möchten wir sie uns trotzdem nicht: Hätte Bergkamp getroffen, wäre Manchester nicht nur nicht Pokalsieger geworden. Auch das Champions-League-Finale gegen die Bayern hätten sie nicht in letzter Sekunde gewonnen. Dies konnte ihnen nur gelingen, weil sie wussten, dass sie, Bergkamp sei Dank, in aussichtsloser Situation ein Spiel noch nach Hause bringen können. Soviel zu Man U. Und Bergkamp? Der englische Autor Andrew Anthony mutmaßt, nach diesem Ereignis sei die »Zuversicht« aus seinem Spiel gewichen – so gesehen, wurde der Fehlschuss zum Wendepunkt seiner Karriere.

Der Buddhist Roberto Baggio, einschlägig bekannt durch seine Elfmeterverweigerung 1990 (➜ Kapitel 2), wurde gar »zu einer Art Hamlet des Calcio« *(Neue Zürcher Zeitung)*, als er bei der WM 1994 im Elfmeterschießen des Endspiels gegen Brasilien verschoss. Eigentlich hätte doch viel stärker in Erinnerung bleiben sollen, dass von den fünf italienischen Toren in Achtel-, Viertel- und Halbfinale vier allein Baggio geschossen hatte – und dass er mit einer Achillessehnenverletzung ins Endspiel gegangen war und sein Gehumpel nicht weniger deprimierend wirkte als Ronaldos phlegmatischer Final-Auftritt vier Jahre später. »Das Bild, wie er mit einsam gesenktem Kopf inmitten der Rose Bowl stand und die Hände vor sein tränenüberströmtes Gesicht schlug, wirkte auf mich so herzzerreißend, dass ich noch Tage später kaum fähig war, zu essen oder zu sprechen. Und ich war nicht einmal Italiener!« schreibt der amerikanische Autor Joe McGiniss. Immerhin verließ ihn nicht sein Lebensmut, wohingegen sich in Sri Lanka Menschen, die ebenfalls keine Italiener waren, in den Tod stürzten, nachdem Baggio verschossen hatte.

Als Baggio seinerzeit den Elfer gegen Brasilien verschoss, wusste John Aldridge genau, was in diesem großen Dirigenten und Torjäger vorging, denn sechs Jahre zuvor hatte der irische Stürmer in Diensten des

FC Liverpool Ähnliches erlebt. In der Spielzeit 87/88 hatte er 26-mal getroffen, außerdem im Pokalhalbfinale beide Tore erzielt, die den Einzug ins Endspiel bedeuteten. Und dort scheiterte er dann mit einem Elfmeter an einem Mann namens David Beasant, so dass der Pokal in der Vitrine des Außenseiters FC Wimbledon landete. Eine geschichtsbuchwürdige Fehlleistung war es obendrein: Aldridge war der erste Spieler, der in einem FA-Cup-Finale einen Elfmeter verschoss. Der Pokal hat eben, das gilt auch in England, seine eigenen Gesetze.

Mit dem Fehlschuss gegen Brasilien wurde Roberto Baggio im übrigen Mitglied einer illustren Gemeinschaft. Ihr gehören jene großen Spieler an, die am Elfmeterpunkt ganz klein werden, auch wenn ihre Strafstoßtore meistens cool und unangestrengt wirken (sollen). Sie führen die Elfmeter aus, weil sie Autorität haben in der Truppe – nicht, weil sie es besonder gut können. Diego Maradona hat 1996 einmal fünf Strafstöße hintereinander versemmelt, und Franz Beckenbauer hat sich in seiner Bundesligakarriere den Ball sechsmal auf den Punkt gelegt, aber nur dreimal getroffen.

Der Stuttgarter Krassimir Balakow vergab im Spätsommer 2002 innerhalb von rund drei Wochen drei Elfmeter. Weil das zudem gegen Clubs passierte, deren Namen normalerweise nicht die Nerven flattern lassen – OSC Lille, SC Paderborn, FK Ventspils –, bekam der Regisseur nun »langsam Angst vor Elfmetern«. Dahin war die Lässigkeit, die er noch im Dezember 2001 beim Achtelfinalspiel gegen 1860 München an den Tag gelegt hatte: In der 58. Minute verwandelte er einen Elfmeter, den der Unparteiische aber nicht gab, weil er glaubte, drei Stuttgarter hätten zu früh den Strafraum betreten. Er ließ den Strafstoß wiederholen, doch nun landete Balakows Schuss nur am Pfosten. Zehn Minuten später der nächste Elfer. Der Bulgare trat wieder an – und traf.

Selbst Gerd Müller hält einen negativen Bundesligarekord: 12 Elfmeter verschoß sonst keiner. Allerdings verwandelte er auch rekordverdächtige 51, nur zwei weniger als Manni Kaltz (➜ Kapitel 8). Seinen, strafstoßtechnisch gesehen, besten Tag erwischte Müller übrigens am 23. September 1978, als der FC Bayern in der zweiten DFB-Pokal-Hauptrunde auf den VfL Osnabrück traf. Der Bomber der Nation verwandelte gleich drei Foulelfmeter innerhalb von 20 Minuten. Bitter allerdings, dass das Spiel dennoch mit 4:5 verloren ging.

Für verheerende Elfer-Missgeschicke stehen die Endspiele des African Nations Cup. 2000, als Nigeria gegen Kamerun verlor, trat beim Elfmeterschießen zuerst der Nigerianer Viktor Ikpeba an. Sein Ball prallte von der Unterkante der Latte hinter die Linie. Obwohl der Ball sie immerhin um eine Fußlänge überschritten hatte, versagte der Schiedsrichter dem Treffer die Anerkennung. Mithin ein Fehlschuss, für den man den Schützen nicht verantwortlich machen kann. Zwei Jahre später siegte wieder Kamerun im Shootout, nachdem der senegalesische Stürmerstar El-Hadj Diouf nicht getroffen hatte. Der Kicker führte dies auf einen Fluch zurück, weshalb er kurz darauf die Dienste eines (Gegen-)Zauberers in Anspruch nahm.

Doch wer einen wichtigen Elfer verschießt, ist nicht notwendigerweise verhext oder traumatisiert. Kutzop wurde mit Werder später noch Deutscher Meister, El-Hadj Diouf brillierte ein paar Monate nach seinem Besuch beim Zauberer mit dem senegalesischen Team bei der WM, wohingegen Kamerun dort enttäuschte. Ikpeba allerdings, lange ein großer Star, fiel sehr tief, nachdem man ihm sein Elfmetertor gestohlen hatte.

Manchmal dominieren die Versager einen Shootout derart, dass man das Spektakel lieber als »kunstvolles Elfmeterverschießen« bezeichnen möchte, wie es zum Beispiel die *Süddeutsche Zeitung* tat, nachdem sich bei der WM 2002 Spanien und Irland duelliert hatten. Die Iren hätten dies »letztlich gewonnen, weil sie einmal mehr als die Spanier nicht trafen«, lästerte das Blatt. Zwischen dem 2:1 und 2:2 dürften Fans beider Lager dem Infarkt nahe gewesen sein: Casillas hält gegen Connolly, Juanfran trifft nicht, sein Torwart hält wieder (gegen Kilbane), und dann verschießt auch noch Valeron – macht vier Fehlschüsse hintereinander. Und das in einem WM-Achtelfinale, wo ja, zumindest theoretisch, zwei der 16 besten Mannschaften der Welt aufeinandertreffen. Die Iren verschossen insgesamt drei im Shootout und einen in der regulären Spielzeit. Dennoch dürften sich die Herren Connolly, Kilbane sowie ihre beiden Leidensgenossen Harte und Holland noch ein bisschen besser gefühlt haben als 1986 die Spieler Alesanco, Alonso, Marcos und Pedraza, denen das Kunststück gelang, mit ihrem CF Barcelona das Elfmeterschießen im Europapokalfinale der Landesmeister gegen Steaua Bukarest mit 0:2 (!) zu verlieren.

Aber wirklich gelitten hat wahrscheinlich nur die Chinesin Lu Ying, die 1999 beim Finale der Frauenfußball-WM in Los Angeles den dritten Elfmeter so unplatziert schoss, dass die Amerikanerin Briana Scurry halten konnte. Jeder der vier Iren und der vier Barca-Spieler konnte sich schließlich damit trösten, ein Versager unter vielen zu sein. Ying konnte dies nicht. Sie vergab den einzigen Elfmeter während des Shootouts – und war somit die einzige Sündenböckin für die finale Schlappe.

6. Wie die Roboter

Der Deutsche und der Elfer – eine harmonische Zweierbeziehung

»Die schönsten Endspiele
sind die, die im Elfmeterschießen
entschieden werden.«

(Bundesumweltminister Jürgen Trittin (Grüne) nach dem knappen 306:295-Sieg von Rot-Grün über Schwarz-Gelb im September 2002)

Der 1. September 2002 war ein großer Tag in der Geschichte des deutschen Fußballs, und zu verdanken haben wir dies Viola Odebrecht, Sarah Günther, Anne-Kathrin Sabel und Linda Bresoni: Im Spiel um den dritten Platz bei der U19-WM der Frauen in Kanada sorgten diese vier Spielerinnen dafür, dass Deutschland mit 4:3 nach Elfmeterschießen gegen Brasilien gewann. Getilgt war die Schmach, die die über 19-jährigen Männer zwei Monate zuvor im WM-Endspiel von Yokohama gegen denselben Gegner erlitten hatten. Doch was war davon in den deutschen Medien zu vernehmen? Fast nix.

Dabei passte der Sieg doch perfekt zu einem langlebigen Mythos: Wenn es zum Elfmeterschießen kommt, gewinnt immer die deutsche Mannschaft. Das gilt jedenfalls, seitdem Ulrich Hoeneß 1976 im EM-Finale gegen die CSSR versagt hat – was der Bundesrepublik letztlich den Titel vermasselte. Danach hat das DFB-Team bei Welt- und Europameisterschaften insgesamt viermal zum Elfmeterschießen antreten … man muss fast schon sagen: dürfen. Die Herren mit den Adlertrikots haben sie alle gewonnen und dabei nur ein einziges Mal das Ziel verfehlt – durch Stielike 1982 im WM-Halbfinale gegen Frankreich.

Die Erfolgsgeschichte erstreckt sich im übrigen über die Nationalelf hinaus auch auf die deutschen Europacupteilnehmer: Seit 1970 mussten west- und ostdeutsche Teams bei Europacupspielen 29-mal ins Elfmeterschießen, wobei sie nur sechsmal als Verlierer den Rasen verließen – zuletzt Eintracht Frankfurt in der Saison 1993/94 gegen Casino Salzburg und fünf Jahre später der FC Schalke 04 gegen Slavia Prag. 23-mal setzten die Deutschen sich durch.

Kein Wunder, dass sich für ein Fußball-Fanzine, das in den 90er-Jahren einen »british look at German Football« versprach, nur ein Name aufdrängte: *Elfmeter*. Nur einmal waren die Briten sehr irritiert, weil in der Premier League der damals für Derby County spielende Deutsche Stefan Schnoor einen Strafstoß verschossen hatte, und zwar »einen der schlechtesten Elfmeter in der Geschichte des Fußballs«, so Schnoor selbst. Aber als das englische Revolverblatt *The Mirror* es Anfang September 2002 für angemessen hielt, einen Nachruf auf den deutschen Fußball zu verfassen – ganz abwegig war das nicht, denn das DFB-Team war in der WM-Qualifikation gerade mit 1:5 gegen England eingegangen –, da ordneten die edlen Federn vom Boulevard dem Verblichenen im wesentlichen drei Attribute zu: »arrogant«, »klinisch« – und: »penalty-scoring«.

Wenn es um Elfer während der regulären Spielzeit geht, stellt sich die Sache allerdings etwas anders dar. Gewiss, es gab einmal 38 lange Jahre, in denen das DFB-Team keinen Elfmeter verschossen hat, aber das ist schon lange her: in der Zeit zwischen 1923 und 1961. Aber aus den Länderspielen in den 35 Jahren danach melden die Chronisten gleich 18 Fehlschüsse. Fast vergessen, das! Obwohl diese Schwäche 1990 beinahe die Teilnahme an der WM gekostet hätte. Pierre Littbarski verschoss nämlich im letzten Qualifkationsspiel gegen Wales, so dass es eines Sonntagsschusses von Thomas Häßler bedurfte, damit Deutschland 2:1 gewann und überhaupt zur WM fahren konnte. Andererseits lässt sich der Fehlschuss im Nachhinein auch als gutes Omen sehen, denn schließlich wurde Deutschland dann ja – möglicherweise, weil nicht Littbarski schoss – durch ein Elfmetertor Weltmeister, nachdem es sich im Halbfinale nach Shootout durchgesetzt hatte. Und wie war das 1996? Kurz vor der Europameisterschaft vergaben Klinsmann und Möller bei einem Testspiel in Nordirland gleich zwei Strafstöße innerhalb einer halben Stunde. Trotzdem schoss letzterer dann das entscheidende Tor im Elfmeterschießen gegen England, und ein paar Tage später hatte Deutschland dann wieder den Pokal.

Es muss wohl immer um alles gehen, damit der Deutsche seine deutschen Tugenden hervorkramt und mit militärischer, ja roboterhafter Präzision seine Elfer verwandelt. Da passt es ins Bild, dass auch die in Deutschland kreierten Maschinenmenschen die Tradition ihrer Kickerkollegen aus Fleisch und Blut fortsetzen: 2000 stand es im Endspiel des Robocups von Melbourne nach der regulären Spielzeit von zwei Mal zehn Minuten 3:3, doch im Elfmeterschießen gelang den von Mitarbeitern der Freiburger Albert-Ludwigs-Universität programmierten Robotern auf typisch deutsche Weise der Sieg: 6:4 gegen die beim Shootout ja notorisch schwache Fußballnation Italien.

Wer bösartig ist, könnte aus den Erfolgen der Deutschen beim Elfmeterschießen folgern: Die können ja nur so gewinnen – und nicht anders. Haut aber nicht ganz hin. Vor den Elfmeterschießen gegen Frankreich und England hatten die von den Herren Derwall, Beckenbauer und Vogts befehligten Teams entweder bravourös einen Rückstand aufgeholt oder gar 120 Minuten glänzend gespielt; lediglich dem Viertelfinalsieg gegen Mexiko von 1986 waren schwer ansehnliche Darbietungen voraus gegangen.

Außerdem: Man kann noch viel deutscher spielen als die Deutschen – was bei der WM 1990 die Argentinier bewiesen, die in der regulären Spielzeit der Achtel-, Viertel- und Halbfinalpartien bloß zwei Treffer erzielten und sich in den letzten beiden Runden vor dem Endspiel nur mithilfe des Elfmeterschießens durchsetzten. »Argentiniens torarmer Marsch ins Finale provozierte eine Diskussion um den Sinn und Unsinn des Elfmeterschießens«, schreiben die Fußballpublizisten Hubert Dahlkamp und Dietrich Schulze-Marmeling. Aber die versandete dann auch bald wieder – denn auf so wenig elegante Art wie die seinerzeit germanisch anmutenden Südamerikaner mogelte sich hernach keine Mannschaft mehr durch ein internationales Turnier.

7. Süß wie Honig

Über das Killen von Strafstößen

»Elfmetertöter:
So werden Torwarte genannt, die überdurchschnittlich oft Elfmeter halten. Zumeist gelingt es ihnen, indem sie durch ihre Körperbewegungen den Schützen täuschen, durch besonders hohe Reaktionsschnelligkeit oder einfach durch Glück.«
(aus: »Fußballglossar für Frauen«, Teil 8, www.rtl.de)

Auf den ersten Blick mag es kaum bemerkenswert sein, dass Renate Bengen, Torhüterin beim ostfriesischen Kreisligaclub SV Hage, im August 2001 drei Elfmeter in einem Pokalspiel pariert hat und innerhalb von vier Jahren insgesamt neun. Doch immerhin ist ihr das zwischen ihrem 60. und 64. Lebensjahr gelungen – gegen Schützinnen also, die rund 40 Jahre jünger sind. Hinzu kommt, dass Bengen, verglichen mit nahezu all ihren Torhüterkolleginnen und -kollegen, ohnehin stark benachteiligt ist, misst sie doch gerade mal 1,49 Meter. Deshalb verneigen wir uns tief vor der »einzigen Ticktackoma, die noch Fußball spielt«, wie sie sich selbst nennt. Ticktackoma ist übrigens ein im Plattdeutschen verbreitetes Synonym für Urgroßmutter.

Bengen ist zwar eine Exotin unter denen, die regelmäßig Elfmeter killen, aber sie hat mit vielen anderen Keepern gemeinsam, dass sie die Aufmerksamkeit der Fußballwelt lediglich durch diese besondere Fähigkeit auf sich gelenkt hat. Wer würde denn Paul Cooper kennen, hätte er für Ipswich Town in der Saison 1979/80 nicht acht von zehn Elfmetern gehalten? Wie grau sähe die Karriere Miroslav Dreszers ohne die beiden Strafstöße aus, die er im November 2000 im Tor des Viertligisten 1. FC Magdeburg abgewehrt hat, um Bayern München aus dem DFB-Pokal zu kippen? Nicht zu vergessen Helmut Dukadam: Am 7. Mai 1986 sorgte er allein dafür, dass Steaua Bukarest das Endspiel des Landesmeistercups gegen den CF Barcelona ohne Gegentor gewann – mit 2:0 n.E.

Und auch Simon Jentzsch (1860 München) wird möglicherweise vor allem dadurch in Erinnerung bleiben, dass er in der Bundesliga in den Jahren 2001 und 2002 acht Elfmeter nacheinander hielt.

Was Torhüter leisten, die einen Elfmeter parieren, werde sträflich unterschätzt, motzt der englische Fußballautor Francis Hodgson. Wer sage, »der Torwart war in der richtigen Ecke, lobt nie sein Spielverständnis, seine Fähigkeit, sein Timing. Das soll immer nur heißen, dass er zufällig eben dort war und nicht irgendwo anders. Wie der Laternenpfahl, den man mit seinem Auto streift«. Deshalb neigen manche Torhüter selbst dazu, ihre Taten kleinzureden. Maik Wilde vom VfB Lübeck etwa winkte bloß ab, nachdem er am ersten Spieltag der Zweitligasaison 02/03 in die richtige Ecke gehechtet war und einen durchaus passabel geschossenen Elfmeter des Oberhauseners Thorsten Judt pariert hatte: »Der Dank gebührt dem Trainer, ich habe nur ausgeführt, was er gesagt hat.«

Wer die Erfolge jener deutschen Torwächter betrachtet, die das Elfmetertöten bisher am besten beherrschten, ahnt, dass da nicht allein die Trainer schuld gewesen sein können. Andreas Köpke etwa hielt im Nationaltrikot 15 von 41 Elfmetern. Macht eine Erfolgsquote von 36,58 Prozent, was Francis Hodgson »unglaublich« findet. Zu Recht, denn Köpke stand dabei ja nicht namenlosen oder mittelmäßigen Kickern gegenüber, sondern den jeweils stärksten ihres Landes. Der beste Töter in der Geschichte der Bundesliga ist

Rudi Kargus. Er vereitelte insgesamt 23 von 76 Elfmetern – und in einer Saison, als er für den Karlsruher SC spielte, sogar drei von drei. Darüber hinaus landeten sechs weitere Elfmeter gegen ihn am Pfosten oder sonstwo – vermutlich, weil sich die Schützen vom Ruf des Vereitelungskünstlers hatten einschüchtern lassen. Künstler? Darf man in seinem Fall sagen, denn heute ist Kargus ja tatsächlich Künstler (kargusart@gmx.net). Sein Ding ist nicht mehr der Fußball, sondern die expressive Malerei.

Womöglich wäre die deutsche Fußballgeschichte ein bisschen anders verlaufen, wenn Helmut Schön 1976 beim EM-Finale eine Eingebung gehabt und seine zweite Auswechslung bis zum Elfmeterschießen hinausgezögert hätte. Denn mit Kargus im Tor hätte die DFB-Elf größere Chancen gehabt, dieses zu gewinnen. Doch so musste der Elfmetertöter Kargus von der Bank aus tatenlos zusehen, wie sämtliche Tschechoslowaken den Kollegen Maier überwanden. »Nach dem Lupfer von Panenka habe ich mich gefragt: Wie wäre es wohl gewesen, wenn ich da im Tor gestanden hätte?« 20 Jahre später zeigte ein Trainer namens Osvaldo Jaconi, dass ein Torwarttausch vor dem Elfmeterschießen ein Spiel entscheiden kann. In der 119. Minute des alles entscheidenden Aufstiegsspiels gegen Ascoli wechselte der eigenbrötlerische Coach des Drittligisten Castel di Sangro seinen 34-jährigen Reservekeeper Pietro Spinosa ein, obwohl der zwei Jahre lang überhaupt nicht gespielt hatte. Alle wunderten sich, doch tatsächlich parierte der Routinier zwei Elfmeter – darunter einen praktisch unhaltbaren -, und der Dorfclub Castel di Sangro stieg zum ersten Mal in die Serie B auf. Eine Erfolgsgeschichte, die damals auch international für Verblüffung sorgte.

Normalerweise steht der Schütze unter Druck und nicht der Torwart. Normalerweise. Pascal Zuberbühler, Keeper beim FC Basel, erging es im April 2002 beim

Pokalhalbfinalspiel gegen Young Boys zweimal etwas anders, und angesichts dieser Belastung ist seine Leistung besonders hoch einzuschätzen. In der regulären Spielzeit verursachte Zuberbühler einen Strafstoß – den er aber anschließend hielt. Und im alles entscheidenden Penaltyschießen versagte der ehemalige Leverkusener als Schütze – den nächsten Elfer gegen sich hielt er trotzdem. Insgesamt verhinderte er vier Elfmetertore, so dass Basel mit 4:3 gewann. Vergleichbares hatte, ebenfalls in einem Pokalhalbfinale, zehn Jahre zuvor der Gladbacher Torwart Uwe Kamps vollbracht. Seine Mannschaft gewann das Shootout gegen Leverkusen, weil er sämtliche vier Elfer hielt. Über diese Ausnahmeleistung konnte sich Kamps indes nur sechs Wochen lang freuen. Im Endspiel gegen den damaligen Zweitligisten Hannover 96 kam es wieder zum Elfmeterschießen. Doch diesmal hielt Kamps nur einmal, und Gladbach verlor mit 3:4 n.E. – weil auf der anderen Seite Jörg Sievers im Tor stand. Der hatte bereits im Halbfinal-Shootout gegen Werder Bremen einen gehalten und einen selbst verwandelt – und im Finale hielt er die beiden Strafstöße von Pflipsen und Fach.

Gewissermaßen ohne Lizenz tötete Michael Schjönberg – schließlich ist er eigentlich Feldspieler. Im Mai 2000 musste er dennoch in den Kasten, weil sich beim Spiel seines 1. FC Kaiserslautern gegen den SC Freiburg beide etatmäßigen Keeper verletzt hatten. Umso mehr staunten oder lachten die Zuschauer, als der Freiburger (➜ Kapitel 4) Alexander Iaschwili mit seinem Strafstoß an dem dänischen Hobbytorwart scheiterte.

Auch wer sehr oft Elfer hält, erinnert sich meist an einen besonders gern. Mark Crossley zum Beispiel, der in der Saison 98/99 für Nottingham Forest vier von fünf Strafstößen hielt und bis heute der beste Elfmeterkiller der Premier League ist. Besonders »stolz« sei er auf einen Elfmeter, den er 1993 gegen den FC Southampton abgewehrt hat, sagt Crossley. Kein Wunder, denn der Schütze war Matt Le Tissier, und der hat an diesem Tag zum einzigen Mal in seiner Karriere versagt. Die übrigen 53 Elfmeter waren alle drin. Crossleys Erfolgsmethode: »Wenn man die Ausführung des Elfmeters möglichst lange hinauszögert, verstärkt das noch den Druck auf den Schützen. Danach immer auf den Ball konzentrieren, in den Augen des Schützen zu lesen bringt nichts.« Der Keeper gibt aber zu, dass manche Schützen nicht zu schlagen gewesen seien: »Eric Cantona war so einer. Er hat immer gewartet, bis man sich in eine Ecke geworfen hat. Er hat das im Training geübt, und er war so gut, dass er sich im letzten Moment immer noch anders entscheiden konnte.«

Petar »Radi« Radenkovic hat dagegen einmal behauptet, »jeder Elfmeterschuss« sei zu halten, »selbst wenn er mit der Kraft und Wucht eines Uwe Seeler abgeschossen ist, sofern der Ball direkt auf mich zukommt und sofern ich weiß, wohin er kommt«. Später schränkte der alte Spaßvogel zwar ein, »am schwierigsten zu halten« seien »verhältnismäßig flache Schüsse in die lange Ecke«, aber auch das ist allenfalls die halbe Wahrheit, denn scharfe und platzierte Schüsse in die äußersten Ecken des Tores sind schlichtweg unhaltbar.

Im internationalen Vergleich schneiden die Torhüter aus Brasilien auffällig gut ab – vielleicht dient es ihnen ja als Ansporn, dass Fachkräfte wie sie daheim in der Regel ungefähr so schlecht beleumundet sind wie Müllmänner. »Torhüter sind so trostlose Figuren, dass nicht einmal Gras dort wächst, wo sie stehen«, lautet eine Redensart. Der erste große Elfmetertöter, den das Land hervorbrachte, war Gilmar, der Weltmeister von 1958 und 1962. Er hielt in 95 Auswahlspielen 13 Elfmeter. 1994 gewann die Selecao das WM-Finale gegen Italien und vier Jahre später das Halbfinale gegen die Niederlande, weil Claudio Taffarel im Penaltyschießen brillierte. Das animierte den Dichter Drummond Andrade zu religiös aufgeladenen Zeilen:

Der Heilige Taffarel, der da ist im Tor
Wie ein Schutzengel
Süß wie Honig
Der da unser Tor,
unsere Hoffnung,
unsere Freude verteidigt.

Und Dida, Ersatzkeeper bei der WM 2002, hielt in der Saison 1999/00 für Corinthians Sao Paulo allein sieben Elfer in einer Halbserie – nicht zuletzt aufgrund seiner Leistungen bei Elfmeterduellen wurde er in Brasilien dreimal zum Torwart des Jahres gewählt.

Wenn man Wissenschaftlern glauben darf, ist es gar nicht so schwierig, einen Elfmeter zu halten. Unter Rückgriff auf Videoanalysen von Mark Williams, der an der Uni Liverpool einen Fachbereich mit dem niedlichen Namen »Wissenschaft und Fußball« leitet, berichtete der *New Scientist* im Juni 2000, dass ein Torwart vor allem auf den Fuß des Schützen schauen muss: Wenn der Exekutierende mit der rechten Innenseite schieße, tendiere der Schuss dazu, rechts vom Torwart einzuschlagen. Treffe er mit dem rechten Vollspann, gehe der Ball in der Regel auf seine linke Seite.

Auch als Schalke 04 1997 mit 4:1 nach Elfmeterschießen gegen Inter Mailand und damit den UEFA-Cup gewann, war ein bisschen Wissenschaft im Spiel, denn Trainer Huub Stevens hatte vorher alle nennenswerten Daten über den Gegner digitalisiert. »Ich hatte auf dem Laptop gecheckt, dass Zamorano dann, wenn er einen langen Anlauf nimmt, immer in die linke Ecke schießt«, erzählte Torwart Jens Lehmann. »Und genau das hat er dann ja auch gegen uns gemacht.«

Der Kieler Torwart Manuel Greil bereitet sich auf wichtige Spiele ähnlich vor. Nachdem er 2002 in der ersten Runde des DFB-Pokals gegen Hertha BSC die Elfmeter von Pinto und Hartmann pariert hatte, verriet er: »Ich habe mir die DVD vom Ligapokal der Hertha gegen die Bayern besorgt. Ich wusste deshalb, wo die hinschießen.« Die DVD! Von einem Ligapokalspiel! Oh, Fußball-Abendland, wo treibst du hin? Jedenfalls dürften sich die Merchandising-Strategen der Deutschen Fußball-Liga darüber gefreut haben, dass wenigstens einer das Ding gekauft hat.

Andere Torhüter halten allerdings überhaupt nichts von Statistik, Recherche und ähnlichem Gedöns. Der südkoreanische Keeper Woon Jae Lee etwa weigerte sich 2002 vor dem WM-Viertelfinale gegen Spanien, ein Video anzuschauen, auf dem alle Elfmeter, die der Gegner in jüngerer Vergangenheit geschossen hatte, zusammen geschnitten waren. Durch diese Bilder werde seine »Intuition« beeinträchtigt, sagte Lee, und das war durchaus nachvollziehbar, denn in der koreanischen Liga war er aus sieben von sieben Elfmeterschießen als Held hervorgegangen – Spiele, in denen nach 90 Minuten noch kein Sieger gefunden ist, werden dort grundsätzlich im Shootout entschieden. Seine »Intuition« half ihm auch gegen Joaquin, und deshalb kam Südkorea ins Halbfinale. Was umso bemerkenswerter war, weil das Team damals von Guus Hiddink trainiert wurde, einem Bürger des Shootout-Versagerstaates Holland.

Die Ehre, als erster Töter in einem Weltmeisterschafts-Elferschießen aufzutreten, hatte übrigens Harald Schumacher. 1982 parierte er im Halbfinale gegen Frankreich einen Schuss von Six, doch zum Helden taugte der Kölner Torwart an diesem Abend nicht, weil er sich zuvor bereits in einem anderen Sinne um den Titel »Töter« bemüht hatte: In der regulären Spielzeit hatte er beim Herauslaufen aus dem Strafraum Battiston absichtlich und brutal gerammt. Beim Elfmeterschießen hätte er deshalb eigentlich gar nicht mehr auf dem Feld stehen dürfen, aber der Schiedsrichter hatte wohl zuviel Angst vor dem Killertypen, als der Schumacher an diesem Abend auftrat, und wagte es nicht einmal,

ihn mit einem Freistoß zu bestrafen, geschweige denn mit einer gelben oder roten Karte.
Berühmt geworden sind natürlich auch Pokalspiele, in denen Underdogs sich gegen die Großen im Elfmeterschießen durchsetzten – mit Hannover 96 gegen Borussia Mönchengladbach (1992) sowie dem 1. FC Magdeburg gegen die Bayern (2000) haben wir bereits zwei bekannte Beispiele erwähnt. Anstatt auf weitere Sensationen aus dem wirklichen Leben verweisen wir hier auf eine aus der fiktiven Welt. In »Der Knochenmann«, einem Krimi des österreichischen Schriftstellers Wolf Haas, kommt es zwischen dem Fünftligisten Klöch und dem Zweitligisten Oberwart zu einem Shootout. Haas lässt seinen Privatdetektiv Simon Brenner erzählen: »Bei Oberwart hat der ehemalige Nationalstürmer Bacher gespielt, der hat natürlich den ersten Elfer geschossen. Ins Kreuzeck. Herrlicher geht es nicht. Aber der Klöcher Tormann noch herrlicher, fischt den Ball aus dem Kreuzeck heraus. Was soll ich lange reden, die Klöcher Unterliga-Spieler verwandeln alle Elfer und werfen Oberwart aus dem Cup. Und so eine Euphorie ist natürlich ansteckend, da ist der Brenner auf dem Heimweg in einer völlig anderen Stimmung gewesen als auf dem Hinweg.« En passant lässt Haas noch eine Bemerkung über den Zusammenhang von fußballerischen Glücksgefühlen und Appetit fallen, die Freunde seltsamer Forschungsgegenstände gewiss aufhorchen lässt: »Und möchte man meinen, dass du in so einer Euphorie besser verdaust. Aber … um sieben … ist ihm das Hendl immer noch so im Magen gelegen, dass er keinen Hunger gehabt hat.« Der Keeper, der so heroisch Elfmeter getötet hat, wird im Verlauf des Plots übrigens verdächtigt, auch einen Menschen getötet zu haben.

Als tragischer Held unter den Elfmeterkillern in die Geschichte eingegangen ist Willie Foulke, genannt »Little Willie«. Und auch wenn es auf den ersten Blick so wirken mag – im Gegensatz zum Könner aus Klöch ist er keineswegs ein Produkt der Literatur: »Little Willie« kam 1876 in Sheffield auf die Welt, und somit profitierte er, regelhistorisch gesehen, von der Gnade der sehr frühen Geburt. Zu seiner Zeit waren die Torhüter noch nicht dazu verdammt, bei einem Elfmeter regungslos auf der Linie zu kleben, und deshalb ging Willie immer aus dem Tor, an die Grenze des Fünfmeterraums. Das irritierte die Schützen erheblich, zumal er brüllte und wild mit den Armen fuchtelte. Der Ball war nur schwer an ihm vorbeizubekommen, denn tatsächlich war Willie eben nicht little, sondern sehr lang und sehr breit – und dennoch »gewandt wie eine Katze«, wie ihn 1905 der Autor der Chelsea-Stadionzeitung nannte. Der zweite Spitzname des Nationalspielers war »Fatty Foulke«, aber so nannte ihn niemand in seiner Anwesenheit, das wäre zu riskant gewesen. Nachdem er seine extravagante Spielerlaufbahn beendet hatte, tingelte er als Jahrmarktsattraktion durchs Land. Wer ein paar Cent übrig hatte, durfte gegen ihn Elfmeter schießen. Als er 1916 in Blackpool wieder einmal dabei war, für seinen Lebensunterhalt ein paar Elfer zu töten, starb »Little Willie« – an den Folgen einer Lungenentzündung.

8. Von Unterbrechern, Lupfern und Überkreuzern

Welcher Schützentyp sind Sie?

»Es gibt gute und schlechte Elfmeterschützen, und ein guter hat den folgenden Trick drauf: Angenommen, er will ins linke Eck schießen, dann täuscht er natürlich an, so daß der Torwart denkt, er schießt ins rechte. Nun denkt er sich aber, daß der Torwart denkt, er würde antäuschen – also täuscht er an und schießt trotzdem ins rechte Eck. Ein wirklich guter Elfmeterschütze denkt nun aber weiter: Wenn der Torwart denkt, daß der Schütze denkt, daß der Torwart denkt, er täuscht an und schießt ins rechte Eck, dann wird er natürlich ins linke schießen. Gut, aber was, wenn der Schütze sich denkt, daß der Torwart denkt, daß der Schütze denkt, daß der Torwart denkt, daß er antäuscht – dann wird er selbstverständlich ins rechte Eck schießen! Also wird der gute Elfmeterschütze weiterdenken. Wenn der Torwart vielleicht denkt, daß der Schütze denkt, daß der Torwart denkt, daß der Schütze denkt, daß der Torwart denkt, daß er antäuscht: dann gehört der Ball ins linke Eck. Es kann natürlich auch sein, daß der Schütze denkt, daß der Torwart denkt, der Schütze habe mit dem Denken aufgehört, als er gedacht hatte, daß der Torwart denkt, daß der Schütze denkt, daß der Torwart denkt, daß der Schütze antäusche. Dann heißt das nämlich, daß das rechte Eck dran ist.

Oft klappt es allerdings auch, wenn man den Ball einfach reinhaut.«

(Manfred Hofmann, Die 7 kleinen Geheimnisse des Mannes)

Roboterfußballer, die auf Rädern fahren und mit Pressluft schießen, haben es nicht leicht. Sie orientieren sich an Farben, und wenn es zwei Dinge in einem Raum gibt, die dieselbe Farbe haben, werden sie stutzig. Als im September 2001 die Truppe des Philips-Konzerns in der Middle Size League – sie entspricht der Champions League der Menschen – das Endspiel gewann, fragte deshalb die *FAZ* mit entwaffnender Logik: »Wie soll sich einer beim Elfmeterschießen auf ein blaues Tor konzentrieren, wenn jemand mit einer blauen Hose daneben steht?« Wenn dagegen Fußballer aus Fleisch und Blut versagen, klingen die Begründungen oft weniger fundiert. »Das Schicksal war wieder mal gegen uns«, jammerte zum Beispiel Glenn Hoddle, nachdem die von ihm trainierte englische Auswahlmannschaft 1998 bei der WM gegen Argentinien verloren hatte. Gewiss, keine überraschende Aussage für einen leidenschaftlichen Esoteriker und Spiritisten, der glaubt, Behinderte hätten ihr heutiges Leiden in einem früheren Leben heraufbeschworen. Doch auch viele Kollegen, die gemeinhin als erdverbundener gelten, neigen dazu, nach verlorenen Elfmeterschießen übersinnliche Faktoren ins Spiel zu bringen.

Alles Schnickschnack, sagt der Autor Andrew Anthony (»On Penalties«). Ein Elfmeterschießen sei »keine Lotterie«, gefragt sei »eine Kombination aus körperlicher und psychologischer Stärke«. Alles eine Frage der Übung, ergänzt der Holländer Gerrie Muhren, 23 Jahre lang Profi und von 1967 bis 1976 Mitglied in einem der besten Teams, das die Welt jemals sah: Ajax Amsterdam. Jeder Spieler müsse zum Beispiel ausprobieren, wie er am besten anlaufe. Muhren zog es vor, die ersten Schritte Richtung Punkt zu gehen und erst auf den letzten zwei Metern zum Anlauf anzusetzen, weil der Ball so genau die richtige Dosis Schwung bekommt. Der Weggefährte Johan Cruyffs gilt in seinem Land als der beste Elfmeterschütze aller Zeiten. Dies ist zwar ein inoffizieller (und im internationalen Vergleich wohl auch recht wertloser) Titel, aber trotzdem wurmt es Muhren natürlich, dass die holländischen Stars von heute sich bei ihm nichts abgeschaut haben.

Der erfolgreichste Elfmeterschütze unter den noch aktiven Bundesligaspielern würde wohl ebenfalls nie auf die Idee kommen, das »Schicksal« (Hoddle) dafür verantwortlich zu machen, wenn er einen versemmelt. Als der damalige HSVer Hans-Jörg Butt sich im April

2001 bei einem Duell mit dem Kölner Kollegen Markus Pröll die zweite Fahrkarte seiner Bundesligalaufbahn leistete, analysierte er vielmehr treffend, dass sein Blick zu lange auf den Ball gerichtet war. »Ich habe im Fernsehen gesehen, dass ich nicht sehr lange hochgeschaut habe, obwohl sich Pröll recht früh für eine Ecke entschieden hat.« 21 Elfmeter hat Butt in fünf Bundesligajahren verwandelt, davon allein neun in der Saison 99/00, weshalb er in der Torjägerliste gleichauf mit Stürmern wie Carsten Jancker und Tony Yeboah rangierte. Damit eifert er südamerikanischen Vorbildern nach wie José Luis Chilavert (Paraguay, über 40 verwandelte Elfmeter), René Higuita (Kolumbien, über 30) und Marco Antonio Cornez (Chile, über 20).

Warum Butt immer wieder ran musste, als er noch beim HSV spielte, verdeutlichen drei Fehlschüsse, die diesen Verein mehrere Millionen Mark gekostet haben: Im August 1999 musste das UI-Cup-Endspiel zwischen dem HSV und dem SC Montpellier per Elferschießen entschieden werden. Das ging dann allerdings sehr schnell, weil drei von Butts Kollegen versiebten. Der treffsichere Keeper, eingeplant als letzter Schütze, kam gar nicht mehr zum Zug, und sein Club verpasste die Teilnahme am UEFA-Cup.

Dabei haben sie in Hamburg doch gleich zwei große Elfmetertraditionen, die sich im Falle Hans-Jörg Butts geradezu ideal in einer Person vereinten (denn in der Saison 99/00 stand er dank drei gehaltener Elfer auch in der Rangliste der Killer ganz oben). Nicht nur der legendäre Elfmetertöter Rudi Kargus (➜ Kapitel 7) war HSVer, sondern auch der sicherste Elfmeterschütze in der Geschichte der Bundesliga: Manfred Kaltz hat 53 von 60 Strafstößen verwandelt und nicht unwesentlich dazu beigetragen, dass der HSV in den Spielzeiten 78/79, 81/82 und 82/83 Deutscher Meister wurde. 21 Elfmetertore haben die Rothosen in diesen drei Jahren erzielt, 20 davon Kaltz. Der heutige Leiter einer Fußballschule (www.mannikaltz.de) schoss unspektakulär, geradezu nüchtern. »Ja, wie soll man es denn sonst machen?« fragt Kaltz jetzt. Meistens landeten die Schüsse halbhoch in einer der beiden Ecken. »Man muss den Torwart im Blick haben, um auf seine Bewegungen reagieren zu können – und den Ball, um beim Schuss nicht in Rücklage zu geraten«, sagt Kaltz. Beim berühmtesten Elferfehlschuss der deutschen Geschichte – Ulrich Hoeneß, EM-Finale 1976 – schaute er ebenso von der Ersatzbank aus zu wie Kargus. »Ich hätte gern geschossen«, schmunzelt Kaltz heute. Übrigens hatten zu Spielbeginn zwei der drei Deutschen, die bei diesem Shootout letztlich trafen, noch neben dem Hamburger Verteidiger auf der Bank gesessen: Flohe und Bongartz.

Feinde des HSV weisen gern darauf hin, dass der Klub Ende der 90er-Jahre von einem außergewöhnlichen Segen profitierte: In der Saison 98/99 bekam er 14 Elfmeter zugesprochen, so viel wie kein anderer Verein seit dem Start der Bundesliga. Ein Jahr später erzielte der HSV zehn Tore per Strafstoß, während es die Konkurrenz im besten Fall auf fünf brachte.

Und dann ist da noch der Themenkomplex »Hamburger Elfmeterstars und die Kunst«, der sich durchaus für eine Diplomarbeit aufdrängt: Der Elfmetervereitelungskünstler Kargus bestreitet seinen Lebensunterhalt heute als Maler, und sein zeitweiliger Mannschaftskamerad, der Elfmeterverwandlungskünstler Kaltz, ist mit einer Malerin verheiratet. Hat dies nun vielleicht doch etwas mit Schicksal zu tun? Müssen wir wohl beizeiten mal den Glenn Hoddle fragen.

Wer wissen will, was für einen Schützentyp er vor sich hat, sollte einen genaueren Blick auf dessen Fehlversuche werfen. Gerd Müller zum Beispiel schoss nie an den Pfosten, an die Latte oder gar vorbei, sondern scheiterte stets am Torhüter. Sein Nationalmannschaftskamerad Jürgen Grabowski dagegen verschoss in seiner Bundesligalaufbahn acht Elfmeter, scheiterte dabei aber nur dreimal am Torwart. Dieser Vergleich legt nahe, dass Müller riskante Elfmeter verschmähte und

Grabowski nicht. Denn: Trifft ein Spieler Pfosten oder Latte, schießt er knapp vorbei oder drüberweg, deutet das darauf hin, dass er in eine der äußersten Torecken schießen und den Ball somit unerreichbar für jeden Torwart der Erde platzieren wollte. Als 1998 beim Shootout gegen Argentinien Michaels Owens Elfmeter rechts am Innenpfosten landete und von dort ins Tor ging, mutmaßten viele Kommentatoren, der Star habe den Pfosten geradezu anvisiert.

Besonders cool wirkt es natürlich, wenn jemand aus dem Schützen-Mainstream ausbricht und außergewöhnliche Anlauf- oder Schusstechniken anwendet. Als historisches Relikt gelten mittlerweile schon Elfmeter, die sich allein dadurch auszeichnen, dass sie unglaublich hart getreten werden. Für diese, nennen wir sie mal Terminator-Variante stand der spätere Bundesligatrainer Arie Haan, in den 70er-Jahren ein Mittelfeldstar in den Niederlanden. Oder Geoff Hurst, der Schütze des so genannten Wembley-Tores. »Er hat einfach nur drauf geknallt und gedacht: Wenn ich selbst nicht weiß, wo der Ball hingeht, wird der Torwart es erst recht nicht wissen«, sagt Francis Lee, der als bester Elfmeterschütze in der Geschichte des englischen Fußballs gilt.

Als raffinierte Technik gilt auch der »unterbrochene Anlauf«, den John Aldridge, Jahrgang 1958, perfektionierte: Wenn sich der Keeper in eine Ecke bewegt hatte, brach der irische Nationalstürmer seine Bewegung ab und schoss in die andere. Auf diese Anlauftechnik scheint der Dichter I.ku in seinem »Infinite penalty haiku« anzuspielen:

The goalkeeper feints
But then so does John Aldridge –
So nothing happens –

Der Torwart täuscht an
Doch dann tut John Aldrigde dasselbe –
Also passiert nichts.

In dem englischen Buch »The Soccer Tribe« ist ein namentlich nicht genannter Spieler aus der Frühgeschichte des Fußballs erwähnt, der sogar erst einmal über den Ball trat, bevor er dann tatsächlich schoss. Heute lassen Schiedsrichter Elfmeter der Marke Aldridge wiederholen – seine Finte ist offiziell zwar nicht verboten, gilt unter den Herrschern der Regelwelt aber als, ach Gottchen, »unsportliches Verhalten«.

Wie eine Anekdote aus einer versunkenen Welt klingt, was Fred Boller erzählt, der von 1947 bis 1953 für den HSV und den FC St. Pauli in der Oberliga spielte, der seinerzeit höchsten Spielklasse. Er sei meistens nicht gradlinig angelaufen, sondern habe dabei noch die Richtung variiert, um den Torwart möglichst stark zu verwirren, sagt Boller. Kann man sich zugegebenermaßen nur schwer vorstellen.

Viel dreister noch ist der Überkreuz-Elfmeter, bei dem man das Schussbein von hinten um das Standbein schwingt. Diese äußerst seltene Variante praktizierte Fritz Schumann, in den 30er-Jahren Mittelstürmer beim FC St. Pauli. Dafür brauchte man einen Sinn für Drama und Exzentrik, und den hatte Schumann aufgrund seines im weitesten Sinne künstlerischen Backgrounds: Er war Türsteher im Hamburger Operettenhaus. Waren solche kleinen Spektakel nur möglich zu einer Zeit, als der Fußball schon eine ernste Sache war, aber noch kein ernstes Geschäft? Nicht unbedingt, denn auch von Gerrie Muhren, Jahrgang 1946, sowie von seinem Altersgenossen Buffy Ettmayer sind Schüsse überkreuz überliefert.

Aus derselben Generation stammt der Tscheche Antonin Panenka, der seit 1976 als der größte Hasardeur aller Zeiten gilt. Im Shootout des EM-Finales zwischen der CSSR und der Bundesrepublik verwandelte er den entscheidenden Elfmeter so: Er nahm einen extra langen Anlauf, ließ den linken Arm schwingen, so dass DFB-Torwart Maier in die von ihm aus gesehene linke Ecke tauchte, doch dann gab Panenka dem Ball nur eine Art Kuss und lupfte ihn wie in Zeitlupe in die Mitte des Tores. »Gewöhnlich vor dem Zubettgehen« habe er oft über neue Schießmethoden nachgedacht, erzählt Panenka. Eine Nacht vor dem Spiel gegen die Bundesrepublik habe er sich den entscheidenden Elfmeter ausgemalt: »Ich wollte so anlaufen, dass der Torwart denkt, ich schieße in die Ecke, aber im allerletzten Moment bloß so treffen, dass er sehr langsam in die Mitte des Tores sinkt.« Dass der Keeper der eigenen Mannschaft das für »zu arrogant« hielt, ignorierte Panenka, obwohl er insgeheim das Unheil fürchtete. »Wenn Maier einfach stehen geblieben wäre, hätte ich wahrscheinlich die folgenden 25 Jahre als Fabrikarbeiter verbringen müssen. Die Kommunisten hätten mich wahrscheinlich beschuldigt, ihr System lächerlich zu machen«, sagte der Mittelfeldspieler später.

Den Lupfer à la Panenka probierte 1991 auch die englische Stürmerlegende Gary Lineker im Länderspiel gegen Brasilien aus, doch das ging schief. Der Ball kullerte ohne nennenswerte Geschwindigkeit auf den Torwart zu. Davon, dass der heutige TV-Kommentator deswegen zwischenzeitlich in einer Fabrik arbeiten musste, ist aber nichts bekannt. Dem Schalker Außenbahner Jörg Böhme hingegen glückte im Februar 2002 gegen den FC St. Pauli ein Antonin-Panenka-Gedächtnistor.

Eine freche Variante ist auch das Weiterschieben der Verantwortung im allerletzten Moment: Lothar Emmerich lief gerne zum Elfmeter an, tippte den Ball dann aber nur leicht zur Seite, so dass der heranstürmende Siggi Held ihn dem verdutzten Torhüter ins Netz jagen konnte.

Für manche Zuschauer und erst recht für Journalisten scheint es weiterhin etwas Besonderes zu sein, wenn jener Spieler den Elfmeter ausführt, der ihn herausgeholt hat. Hartnäckig hält sich nämlich der Glaube, der Gefoulte solle nicht selbst schießen. »Soll er doch!«, sagt dagegen Christian Eichler, Autor des

»Lexikons der Fußballmythen«. Denn: Zwischen den Bundesliga-Spielzeiten 1993/94 und 1997/98 wurden 78,5 Prozent aller Elfmeter verwandelt; trat jedoch der Gefoulte selbst an, lag die Erfolgsquote um 11 Prozent höher. Dass die Binsenweisheit nichts taugt, zeigte sich auch bei der WM 2002. Die Foulopfer Tomasson (Dänemark), Blanco (Mexiko) und Larsson (Schweden) ließen sich bei ihren Strafstößen nicht beirren. Von einigen Exoten, die sich im Hockey auskennen, haben wir uns sagen lassen, dass die Fußballer ihren Aberglauben nicht exklusiv haben. Auch beim Siebenmeter in der Halle oder Neunmeter auf dem Feld wird er heraufbeschworen. Was den Fußball betrifft, hätte der Mythos schon nach der Saison 71/72 im Orkus der Geschichte landen müssen. In jener Serie verwandelte Francis Lee von Manchester City insgesamt 13 Elfmeter – darunter sieben, denen ein Foul an ihm vorausgegangen war. 13 verwandelte Elfer in einer Saison sind übrigens eine außergewöhnliche Zahl. Michael Zorc, der beste Elfmeterschütze in der Bundesligageschichte Borussia Dortmunds, brauchte für seine 14 ein ganzes Jahrzehnt.

Aber warum treffen die Gefoulten nun so gut? Das erklärt uns auf einleuchtende Weise die *Frankfurter Allgemeine Sonntagszeitung*. »Die Rache vom Elfmeterpunkt« scheine für die Opfer »besonders süß zu sein«.

9. Hölzenbeins Söhne

Dilettantisch bis kriminell – die Schwalbe

»Um Mariä Geburt
fliegen die Schwalben furt,
bleiben sie noch da,
ist der Winter noch nicht
nah«

Diese Bauernweisheit ist ein paar Jahrhunderte älter als der Elfmeter. So lässt sich erklären, dass die Bauern es nicht so genau nahmen mit den Terminen, denn um Mariä Geburt (= 8. September) beginnt die Schwalbensaison bekanntlich gerade erst – und sie dauert bis Mai.

Eigentlich seien Schwalben gar keine hinterlistigen oder hinterfotzigen Viecher, sagt Ralf Wanker, Ornithologe an der Universität Hamburg. Aber wenn sie Insekten jagen, »fliegen sie flach über dem Boden« – und ein Fußballer, der, ein Foul vortäuschend, zu Boden sinke, sehe ähnlich aus. Deshalb müssen die armen Tierchen wohl damit leben, dass der Name ihrer Art auch als Bezeichnung für ein Delikt aus der Fußballwelt dient. Zumindest in Deutschland, denn die Engländer zum Beispiel lassen bei der Benennung des Übels den Vogel außen vor; sie sagen nicht »to make a swallow«, sondern ziehen als Vergleich Tauch- und Hechtbewegungen heran (»to make a dive«). Die Regelverwalter unter den Fußballfunktionären sprechen von »Simulation«, was ja nun wiederum klingt, als hätten sie ein bisschen zu viel von Baudrillard genascht. Und während der WM 2002 bezeichnete der englische Schiedsrichter Graham Poll die freiwilligen Flüge der Ballartisten sogar als »Krebsgeschwür«, und auch das scheint uns ein bisschen neben der Sache zu sein. Wie dem auch sei: Im Fußballbetrieb personifizieren Schwalbenmacher das Böse – obwohl sie doch nur sehr kleine Gauner sind, wenn man sie mit korrupten Funktionären, zwielichtigen Shareholdern oder bratwurstigen Aufsichtsräten vergleicht. Wer schwalbt oder simuliert, wird in der Regel nicht nur verwarnt oder des Feldes verwiesen, sondern auch zur Kasse gebeten. Bei einer WM will die FIFA jedenfalls 2000 Schweizer Franken sehen, und im Normalfall freut sich der Mannschaftskassenwart.

Als Vater der Schwalbe gilt gemeinhin Bernd Hölzenbein, dessen Einfallsreichtum einiges dazu beitrug, dass Deutschland 1974 Weltmeister wurde – auch wenn sich die offiziellen Fußballgeschichtsschreiber dieses Landes da etwas anders ausdrücken. In der 25. Minute des WM-Endspiels gegen die Niederlande hob er bei einem Zweikampf mit Wim Jansen geschickt ab, riss dramatisch beide Arme hoch und segelte durch den holländischen Strafraum – der Schiedsrichter pfiff, und Paul Breitner haute den Elfer rein zum 1:1.

Mit der Schwalberei untrennbar verbunden ist auch der Name Jürgen Klinsmann, zumindest seit er 1994 zu Tottenham Hotspur wechselte. In England gelten in gewissen Kreisen ja sogar Spieler als suspekt, die nach einem unzweifelhaften Foul nicht gleich wieder aufstehen, und somit ruft einer, der im Verdacht steht, freiwillig zu fallen, erst recht heftige Aversionen hervor. Der Stürmer aus Deutschland jedenfalls galt bereits vor seinem ersten Spiel für die Tottenham Hotspurs als »the world's worst diver« – was den cleveren Klinsmann wiederum dazu animierte, die Vorwürfe zu ironisieren und den Diver als Jubelgeste einzuführen, die aus den Zelebrierungsritualen heute gar nicht mehr wegzudenken ist.

Die Fans der Spurs wiederum ironisierten ihr eigenes Vorteil musikalisch folgendermaßen:

»He flies through the air
with the greatest of ease,
He never got touched,
but he's down on his knees.
He goes up-tiddly up,
He goes down-tiddly down,
He always looks good
when he's flying around.
We cheer and we chant
when we get penalties,
He's that wonderful German
who's down on his knees.«
(nach der Melodie von »The First Noel«)

Unter vielen englischen Profis ist die Schwalbe weiterhin verpönt. Als sich ein paar Jahre später der FC Barnsley auf seine bisher einzige Premier-League-Saison vorbereitete, versuchte einer der Neuzugänge, ein Stürmer aus Mazedonien, in einem Testspiel einen Elfmeter zu schinden. Helle Empörung bei seinen Mitspielern, doch der dem Club zugeneigte Dichter Ian McMillan schwärmte von der Aktion, weil er sie für ein Symptom der Professionalisierung hielt: »Was für eine mächtige Schwalbe! So etwas haben wir hier noch nie gesehen! Das ist neu, das ist gut, wir sind Premier League.«

Was das Simulieren im Strafraum betrifft, war hierzulande lange Jörgen Pettersson der böseste Bube. Sogar die sonst so gediegene *Welt* verteufelte den »Schwalbenkönig« und fragte, ob »der Mann noch zu retten« sei, nachdem er im Frühjahr 2002 in Mönchengladbach auf allzu durchsichtige Weise – Ball am Torwart vorbei legen, dann fallen – einen Elfmeter hatte herausholen wollen. Dass der Schwalbenmeister aus Schweden ein paar Monate später seinen Arbeitsplatz beim 1. FC Kaiserslautern einbüßte, minderte den Unterhaltungswert dieses Kaffklubs doch erheblich.

Vorher hatte sich ein anderer des Titels »Schwalbenkönig« rühmen können. Christian Eichler berichtet in seinem »Lexikon der Fußballmythen« aus der Vogelperspektive: »Die peinlichste Schwalbe der Bundesliga flog Andreas Möller 1995 im freien Luftraum gegen Karlsruhe, rund zwei Meter von Gegenspieler Dirk Schuster entfernt, was Dortmund einen Elfmeter, einen 2:1-Sieg und die erste deutsche Meisterschaft (mit einem Punkt vor Bremen) einbrachte (und Möller nachträglich zwei Spiele Sperre wegen ›sportwidrigen Verhaltens‹).«

Eine weitaus höher entwickelte Form der Schwalbe hatte in der Bundesligasaison 01/02 Anteil am Meistertitel des BVB. Westfalenstadion, 32. Spieltag, 88. Minute: 1:1 steht es in der Partie zwischen dem späteren Deutschen Meister BVB und dem späteren Absteiger 1. FC Köln – ein Spielstand, der den Gastgebern den Titel zu vermasseln droht. Doch dann kommt Jürgen Kohler: Um im Strafraum den Ball zu erhaschen, greift er dem Kölner Jörg Reeb an die Schultern. Der Weg ist frei, allerdings haben beide Spieler noch Kohlers Mannschaftskameraden Marcio Amoroso im Rücken. Angeblich unter Reebs Einwirkung strauchelt nun Kohler, woraufhin auch Reeb stürzt und zu guter Letzt Amoroso. Dr. Helmut Fleischer ahndet dieses dreifache Purzeln mit einem Strafstoß, und Dortmund siegt.

Weil die Schwalben immer besser werden, bilden sich die Schiedsrichter jetzt manchmal schon ein, welche zu sehen. Bei der WM 2002 zum Beispiel kam das recht häufig vor, zumal die Pfeifenmänner vorher die Order bekommen hatten, Schwalben auch außerhalb des Strafraums zu ahnden. »Die Ahndung wurde in dem einen oder anderen Fall übertrieben«, sagte hinterher der deutsche Schiedsrichter-Boss Volker Roth, und das will ja etwas heißen, denn öffentliche Selbstkritik ist in dieser Zunft nicht üblich. Die Lehre aus dem Schwalben-Chaos: In Zukunft würden »nur ganz klare Schwalben ohne jeglichen Körperkontakt mit dem Gegner« bestraft, berichtete der *kicker* – und ergänzte diese Nachricht um die sprachlich wie inhaltlich bemerkenswerte Feststellung, es könne »durchaus passieren, dass ein Spieler hinfällt, der Schiedsrichter aber weder einen Straf- beziehungsweise Freistoß verhängt«.

Die berühmteste Fehlentscheidung der WM hatte den Italiener Francesco Totti getroffen, im Achtelfinale gegen Südkorea. Es war eine dieser alltäglichen Strafraumsituationen: kein Foul, aber auch keine Schwalbe. Aber anstatt das Spiel weiterlaufen zu lassen, schritt Schiedsrichter Byron Moreno aus Ecuador ein und zeigte Totti Gelb-Rot, weshalb die italienische Kleinstadt Santa Teresa Riva den Spielleiter als Namensgeber für eine öffentliche Toilette auserkor. Etwas ähnlich Absurdes wie Totti widerfuhr dem Arsenal-Akteur Giovanni van Bronckhorst im Dezember 2001 – und das auch noch einen Tag vor dem Heiligen Abend. Im Spiel gegen Liverpool ging er bei einem Zweikampf im Sechzehner zu Boden und sprang auch gleich wieder auf, weil, wie wir ja wissen, man das in England nicht gern sieht, wenn einer liegenbleibt. Allerdings fiel von Bronckhorst auch gleich wieder hin, weil er sich infolge der vorangegangenen Attacke nicht mehr so leicht auf den Beinen halten konnte. Den Referee hielt das nicht davon ab, ihm die Gelb-Rote Karte zu zeigen. Solche Entscheidungen wirken manchmal so, als wollten die Schiris ihre große Muffe kompensieren, auf vorgetäuschte Fouls reinzufallen. Diese Furcht ist sogar wissenschaftlich belegt. In einer Untersuchung zum Thema Stress bei Schiedsrichtern fanden im Sommer 2000 Sportwissenschaftler der Uni Jena heraus, dass die Angst, durch eine »Schwalbe« zum Elfmeterpfiff verleitet zu werden, stark ausgeprägt ist. 286 Probanden waren befragt worden. Manchmal wünscht man allen Beteiligten den Gleichmut Wim Jansens. Den hat sich

Bernd Hölzenbeins einstiger Gegenspieler nicht nehmen lassen, obwohl er doch in diesem so eminent wichtigen Spiel, damals, im Juli 1974 in München, unter einer Schwalbe zu leiden hatte: »Ze hebben het bij mij gedaan en ik heb het bij andern gedaan.« Sehr frei übersetzt ins entfernt verwandte Hochdeutsche: Gleicht sich doch eh alles aus.

10. Die Sehnsucht nach dem Unglück

Elfmeterschießen im Fernsehen

»Elfmeter nennen die Zuhälter
Den letzten Fußtritt
Auf den Kopf ihres Opfers«
(Hans Arnfried Astel)

Vom wichtigsten Elfmeterschießen meiner Fanlaufbahn habe ich nicht besonders viel mitbekommen. Der FC St. Pauli, damals Erstligist, spielte an einem Novembernachmittag des Jahres 1996 im Viertelfinale des DFB-Pokals bei Energie Cottbus, damals Drittligist. Leicht schummerig war es an dem Tag, Flutlicht hatten die Cottbuser noch nicht, und zu allem Überfluss fand das Elfmeterschießen nicht vor, sondern direkt gegenüber der Gästekurve statt, die im Stadion der Freundschaft ohnehin zu flach angelegt ist, als dass sich noch viel von dem erahnen ließe, was auf der anderen Seite des Felds vor sich geht. So bekam man während des Shootouts zwar mit, dass da Spieler zum Punkt gingen und schossen, doch ob der Ball drin war oder nicht, verrieten lediglich Reaktionen der Zuschauer. Als der damalige St. Paulianer Matthias Scherz den entscheidenden Elfer verschoss, stellte sich das Entsetzen erst mit Verzögerung ein: Was, nicht drin? Alles aus jetzt? Ach so.

Wenn ich das Spiel vor dem Bildschirm erlebt hätte – es wurde nicht live übertragen, by the way –, wäre es mir anders ergangen. Denn dort lässt sich ein Elfmeterschießen sehr viel besser verfolgen als von nahezu jedem Platz im Stadion. Den Gang des Schützen analysieren, wenn er zum Punkt schreitet, desgleichen seinen Gesichtsausdruck sowie die Bewegungen des Torhüters – geht im Stadion alles nicht. »Southgates Angst fühlt sich einfach nur wie Angst an, und er fängt an zu denken«, schreibt Karen Duve in ihrem Roman »Dies ist kein Liebeslied«, dessen weibliche Hauptfigur den berühmten Fehlschuss des englischen Abwehrspielers bei der WM 1996 in einem Londoner Pub miterlebt. »Fühlen« konnte man dies allein vor dem Bildschirm. Das Elfmeterschießen könnte eine Erfindung des Fernsehens sein. »Dank des Shootouts lernte das Fernsehen, wie man Sport dramatisiert«, schreibt der englische Journalist Andrew Anthony; das Elfmeterschießen und der Fernsehfußball hätten sich gegenseitig beeinflusst. Klingt plausibel, auch wenn eine andere Neuerung des Fußballs aus dem Jahr 1970 einen deutlicheren Bezug zum Fernsehen hat. Das Elfmeterschießen wurde erst kurz nach der WM in Mexiko eingeführt, eine andere Entscheidung der FIFA war noch kurz vorher gefallen: Bei dem Turnier zeigten die Schiedsrichter erstmals Gelbe und Rote Karten – nicht zuletzt deshalb, weil es das erste war, das in Farbe übertragen wurde.

»Das Elfmeterschießen ist das Visuellste am Fußball«, sagt Dietrich Leder, Professor für Fernsehkultur an der Kölner Kunsthochschule für Medien und Experte für die Geschichte des Fernsehfußballs. Vor allem sei »dieser Showdown« ideal für jene Regisseure, die »immer noch Probleme haben, Fußball filmisch adäquat umzusetzen, weil sie klassische Schwächen im Schnitt haben und das Spiel nicht gut genug lesen können, um nach einer zeitlupenreifen Szene die Zeitlupe zum richtigen Zeitpunkt einzuspielen«. Wenn es kein Elfmeterschießen gäbe und ein wichtiges Spiel neu angesetzt werden müsste, brächte das »weltweit die Planungen der Fernsehsender durcheinander«. Das ist die Wahrheit – wenn auch nicht die ganze. Denn so aufregend Elfmeterschießen aus unterschiedlichen Gründen auch ist: Nie, nie, nie wieder wollen wir hören, dass ein Reporter kurz vor einem bevorstehenden Shootout beschwörend den »Höhepunkt« des Abends ankündigt oder sogar dreist behauptet, jetzt komme endlich das, »worauf wir alle gewartet haben«. Als sei alles andere nicht mehr als ein ödes Vorspiel respektive notwendiges Übel. Weil diese Ideologie inzwischen weit verbreitet ist, spielen sich beim Zapping an Europacup-Abenden Szenen ab, die sich der Schriftsteller Nick Hornby (»Fever Pitch«) so ausmalt: »Und dann sagt sie zu ihm: ›Ach, Schatz, lass mal gut sein, wir schalten dann zum Elfmeterschießen wieder rein.‹«

Elfmeterschießen finden vor allem viele Menschen spannend, die keine Fußballfans sind und sich um die Kickerei sonst nicht scheren. Ein Motiv dafür mag sein: die Lust am Unglück. Einen »makabren Charakter« habe der Shootout, sagt Andrew Anthony. »So wie wir insgeheim einen Crash erwarten, wenn wir Formel 1 gucken, so schauen wir uns ein Elfmeterschießen in sehnsüchtiger Hoffnung auf einen Fehlschuss an.« Darauf könnte er sich womöglich auch mit unserem dichtenden Zuhältermilieukenner Hans Arnfried Astel einigen. Nick Hornby jedenfalls findet Elfmeterschießen längst nicht mehr reizvoll. Das letzte große habe es 1990 im WM-Halbfinale zwischen Deutschland und England gegeben. Und das Duell in Wembley 1996? Nur ein »müder Abklatsch«, sagt er. Der Autor langweilt sich beim Shootout, weil das Fernsehen viel dazu beigetragen hat, das große Drama, das es selbst geschaffen hat, gleich wieder zu entwerten. Wer beim Zapping bei *Eurosport* hängen bleibt, um mitzuerleben, wie ein Elfmeterschießen bei der U16-WM in Malaysia ausgeht, kann nachvollziehen, was Hornby sagt. Beim nächsten Mal schaut man dann womöglich nicht mehr so konzentriert hin.

Aus etwas anderen Gründen als Nick Hornby sieht der Filmkritiker Michael Althen die Beziehung zwischen Fernsehen und Elfmeterschießen skeptisch: »Die Amerikaner haben in ihrer unnachahmlich effektiven Art ihre Sportart aufs Wesentliche reduziert«, etwa auf das Duell zwischen Werfer und Schläger, und an dieser Reduktion arbeite auch der Fußball »kräftig«. Nachdem im Mai 2000 das Champions-League-Finale zwischen dem FC Bayern und dem FC Valencia erst nach 17 Elfmetern, mithin 17 Duellen zwischen Schütze und Ballfänger, entschieden war, konstatierte Althen: »Das ist fast schon wie beim Baseball. Und je heftiger hinterher der Mannschaftsgeist beschworen wird, desto sicherer waren es einzelne Helden, die sich hervorgetan haben.« Helden, die die Televisionäre mehr brauchen denn je, einen wie den Olli Kahn halt: »Und folgerichtig konzentrierte sich das Fernsehen auch ganz auf seinen einsamen Siegesspurt, auf jene zu Jubel erstarrte Heldenpose, die der Stoff ist, aus dem sich Romane schreiben.« Wir können die Medientheorie und die vergleichende Sportkulturwissenschaft aber auch links liegen lassen und trotzdem begreifen, was die TV-Macher mit dem Elfmeterschießen anstellen. Sie interpretieren es als großen Zirkus, und das ist ja ein sehr traditioneller Ansatz, denn der Elfmeter und die große Gaudi hatten schon immer viel miteinander zu tun. Der englische Startorwart Willie Foulke (➜ Kapitel 7) tingelte Anfang des 20. Jahrhunderts, nachdem er seine Karriere beendet hatte, als Elferkiller über Rummelplätze, und bereits kurz zuvor, in den 90er-Jahren des 19. Jahrhunderts – in jenem Jahrzehnt, als der Elfmeter erfunden wurde –, hatte der britische Sanger's Circus einen Elefanten besessen, der sich zu einem kaum bezwingbaren Elfmetertöter dressieren ließ.

Als der Zirkus in Leicester gastierte und der Besitzer verkündete, das Tier im Tor sei nicht zu schlagen, meldeten sich vier Profikicker von Leicester Fosse, die, offensichtlich in ihrer Berufsehre gekränkt, das Gegenteil beweisen wollten. Drei von ihnen sahen alt aus gegen den Dicken im Kasten, nur ein Kicker namens

William Keech, der auf diese Weise Fußballhistorie schrieb, war dem Elefanten überlegen, weil er ihn in die falsche Ecke schickte, wohl wissend, dass sein Kontrahent zu schwerfällig war, um seine Bewegung noch korrigieren zu können. Der Gerechtigkeit halber muss gesagt werden, dass der Ball auf den Elefanten zugeschnitten war. Er war sechsmal so groß wie ein normaler. Dass Fernsehsender wie das *DSF* oder *9Live* noch nicht auf die Idee gekommen sind, solche Spektakel zu inszenieren, ist eigentlich nur schwer zu begreifen.

11. Rekorde und Verschwörungstheorien

Die Top-Elf der Anekdoten

Nigbur ist Gott

21 Elfmeter bekamen 35.000 Zuschauer am 10. Juni 1972 in der Gelsenkirchener Glückaufkampfbahn beim Pokalhalbfinalrückspiel zwischen Schalke 04 und dem 1. FC Köln zu sehen: vier in der regulären Spielzeit (davon drei in den letzten zehn Minuten), einen in der Verlängerung, den Rest im Elfmeterschießen. Schalke gewann schließlich, weil Norbert Nigbur (der darüber hinaus selbst einen Elfmeter verwandelte) dreimal hielt und Helmut Kremers dreimal traf – und obwohl Klaus Beverungen zweimal verschoss.

Eigentor

4:5 verlor die englische Amateurmannschaft Tap and Spile FC das einzig denkwürdige Spiel ihrer Geschichte. Paul Flack, der Kapitän, hatte einen Elfmeter gegen die eigene Mannschaft verwandelt – aus Wut über eine mutmaßlich falsche Schiedsrichterentscheidung. Der Unparteiische, offensichtlich ein Mann mit Humor, gab das Tor.

Ein Sieg der Natur

34 Elfmeter wurden im Januar 2002 beim Pokalspiel zwischen den beiden englischen Fußball-Amateurklubs Storthes Hall und Littletown ausgeführt – doch zu einer Entscheidung kam es nicht, weil der Schiedsrichter wegen Dunkelheit abpfeifen musste. Der Generalsekretär von Littletown stellte daraufhin einen Antrag auf Aufnahme ins Guinness-Buch der Rekorde.

So weit wie noch nie

17 Meter – ungefähr – betrug die Distanz zum Tor, als der Mexikaner Manuel Rosas 1930 beim WM-Spiel gegen Argentinien zwei Elfmeter verwandelte. Das berichten jedenfalls Augenzeugen. Weil im nur notdürftig fertig gebauten Centenario-Stadion von Montevideo noch kein Elfmeterpunkt markiert war, hatte der bolivianische Schiedsrichter Ulysses Saucedo die Entfernung eigenfüßig abgemessen. Aus schwer erfindlichen Gründen – möglicherweise ähnelten seine Beine denen einer Giraffe – landete er beim Abmessen kurz vorm Strafraum.

So kurz wie noch nie

Peter Devine, Spieler von Lancaster City, lief im Pokalfinale der Northern Premier League First Division 1991 zum Strafstoß an. Er rutschte aus. Der Ball rollte einen Meter weit. Daraus folgt die wichtigste technische Regel für Elfmeterschützen: mindestens elf Meter weit schießen.

(Aus: Christian Eichler, Lexikon der Fußballnieten)

So komisch wie nie

Ein WM-Halbfinale ist eine ernste Angelegenheit, aber 1938 vergaß der brasilianische Torwart Wálter dies für einige entscheidende Sekundenbruchteile. Eine Stunde ist gespielt, Gegner Italien hat gerade einen fragwürdigen Elfmeter zugesprochen bekommen. Giuseppe Meazza läuft an, doch kurz bevor er ausholt, rutscht ihm die Hose runter. Der spätere Stadionnamensgeber reagiert souverän: Ohne zu stoppen, rückt er sich sein Kleidungsstück wieder zurecht – und trifft zum 2:0. »Das Lachen« habe Keeper Wálter »entwaffnet«, schreibt der Schriftsteller Eduardo Galeano. Italien kam ins Finale und holte den Titel.

Alles umsonst

1945 verwandelte Tommy White von Kilmarnock gegen Partick Thistle einen Strafstoß gleich sechsmal, doch jedes Mal annullierte der Schiedsrichter den Treffer, weil sich der Torhüter zu früh bewegt hatte – er bestrafte also den Schützen. Nun, die Pointe kommt noch: Der siebte Elfmeter stellte den Unparteiischen endlich zufrieden – den allerdings hielt der Torwart.

Schiri kennt Regeln nicht

1972 verlor Glasgow Rangers in der zweiten Runde des Europacups der Pokalsieger nach Elfmeterschießen gegen Sporting Lissabon – und gewann den Cup trotzdem. Des Rätsels Lösung: Der Shootout wurde annulliert, weil er gar nicht notwendig gewesen wäre. Die Rangers hatten vorher aufgrund der mehr geschossenen Auswärtstore gewonnen. Das wiederum hatte der Schiedsrichter, ein offensichtlich verwirrtes Exemplar dieser Spezies, nicht gemerkt.

Einen Doppelten, bitte

Ebenfalls 1972 sah die Welt zum vermutlich einzigen Mal, dass ein Spieler mit einem Elfmeter zwei Tore erzielte. Es geschah im Rahmen einer Showeinlage mit dem britischen Profi Francis Lee, der in der vorangegangenen Saison in Punkt- und Pokalspielen 15 von 15 Strafstößen verwandelt hatte. Am Elfmeterpunkt lagen zwei Bälle, und Lee traf sie beide gleichzeitig. Wohlgemerkt: mit einem Torwart im Kasten. Zu sehen war das damals im Lokalfernsehen der Stadt Norwich.

Fan als Elfmeterkiller

Zwei Bälle spielten auch im Dezember 1997 eine Rolle, als der Aachener Mario Krohm im Achtelfinale des DFB-Pokals gegen Waldhof Mannheim zur Ausführung eines Elfmeters schritt. Neun Minuten waren in der Verlängerung gespielt, als er zunächst am Mannheimer Keeper Straub scheiterte, dann aber im Nachschuss vollstreckte. Schiedsrichter Markus Merk jedoch gab den Treffer nicht, weil jemand aus dem Mannheimer Fanblock einen zweiten Ball, der kurz zuvor auf die Tribüne geflogen war, auf das Spielfeld zurückgeworfen hatte. Der Zahnarzt aus Kaiserslautern entschied so, weil nach seiner Ansicht jemand von außen Einfluss auf das Spiel genommen hatte. Die Fernsehaufnahmen zeigten zwar, dass der zweite Ball den Elfmeter nicht beeinflusst hatte, doch das DFB-Sportgericht ließ dieses Beweismittel nicht zu und mochte Merks »Tatsachenentscheidung« nicht revidieren. Dumm gelaufen für die Alemannia, hatte sie das Spiel doch nach Elfmeterschießen verloren – unter anderem, weil Mario Krohm auch im Shootout ohne Erfolg geblieben war. Schwacher Trost: Dort verschoss er auf ganz konventionelle Art.

Tifosi als Klempner

Im Dezember 2002 machten sich Anhänger des Serie-A-Clubs AC Como an den sanitären Anlagen ihres Stadions zu schaffen und montierten Waschbecken und Toilettenschüsseln ab, die sie kurze Zeit später – neben Steinen, Knallkörpern und anderen milieuüblichen Wurfgegenständen – aufs Spielfeld beförderten. Zu dieser außergewöhnlichen Kraftanstrengung sahen sie sich veranlasst, nachdem der Schiedsrichter zum dritten Mal einen Elfmeter für den Gast aus Udine gepfiffen hatte. Resultat der Randale: Spielabbruch.

»Der Schütze muss erkennbar sein.«

Die Regel 14 – Strafstoß*

Ein Strafstoß ist gegen eine Mannschaft zu verhängen, deren Spieler im eigenen Strafraum und während der Ball im Spiel ist, nach Einschätzung des Schiedsrichters fahrlässig, rücksichtslos oder mit unverhältnismäßigem Körpereinsatz eine der folgenden zehn Regelübertretungen begeht:

- einen Gegner tritt oder versucht, ihn zu treten,
- einem Gegner das Bein stellt oder es versucht,
- einen Gegner anspringt,
- einen Gegner rempelt,
- einen Gegner schlägt oder versucht, ihn zu schlagen,
- einen Gegner stößt,
- beim Tackling im Kampf um den Ball den Gegner vor dem Ball berührt,
- einen Gegner hält,
- einen Gegner anspuckt,
- den Ball absichtlich mit der Hand spielt (dies gilt nicht für den Torwart in seinem eigenen Strafraum).

Aus einem Strafstoß kann ein Tor direkt erzielt werden.

Der Strafstoß muß ausgeführt werden, auch wenn die Spielzeit am Ende jeder Halbzeit (auch in einer erforderlichen Verlängerung) abgelaufen ist.

Position des Balles und der Spieler

Der Ball

- wird auf die Strafstoßmarke gelegt.

Der ausführende Spieler

- muss klar identifiziert sein.

** Zitiert nach: www.dfb.de*

Der Torwart der verteidigenden Mannschaft

- muss mit Blick zum Schützen auf seiner Torlinie zwischen den Pfosten bleiben, bis der Ball mit dem Fuß gestoßen ist.

Alle anderen Spieler müssen sich aufhalten:

- innerhalb des Spielfeldes,
- außerhalb des Strafraumes,
- hinter dem Strafstoßpunkt,
- mindestens 9,15 m vom Ball entfernt.

Der Schiedsrichter

- darf das Signal zur Ausführung des Stoßes erst geben, wenn alle Spieler ihre Position in Übereinstimmung mit der Regel eingenommen haben,
- entscheidet, wann der Strafstoß seine Wirkung erzielt hat.

Ausführung

- Der ausführende Spieler muss den Ball mit dem Fuß nach vorne stoßen.
- Er darf den Ball nicht wieder spielen, bevor er von einem anderen Spieler berührt wurde.
- Der Ball ist im Spiel, wenn er mit dem Fuß gestoßen wurde und sich vorwärts bewegt.

Ein Strafstoß während des laufenden Spieles oder in der für seine Ausführung oder Wiederholung verlängerten Spielzeit gilt auch dann als verwandelt, wenn der Ball, bevor er die Torlinie zwischen den Pfosten und unter der Querlatte überschritten hat,

- einen oder beide Pfosten und/oder die Querlatte und/oder den Torwart berührt hat.

Strafbestimmungen
... für eine der folgenden Situationen, nachdem der Schiedsrichter das Zeichen zur Ausführung gegeben hat und bevor der Ball im Spiel ist:

Der ausführende Spieler verstößt gegen die Regeln
- Der Schiedsrichter soll die Ausführung zulassen.
- Wenn der Ball ins Tor geht, wird der Strafstoß wiederholt.
- Wenn der Ball nicht ins Tor geht, wird der Strafstoß nicht wiederholt.

Der Torwart verstößt gegen die Regeln
- Der Schiedsrichter soll die Ausführung zulassen.
- Wenn der Ball ins Tor geht, wird das Tor anerkannt.
- Wenn der Ball nicht ins Tor geht, wird der Strafstoß wiederholt.

Ein Mitspieler des Schützen betritt den Strafraum, läuft vor die Strafstoßmarke oder nähert sich dem Ball auf weniger als 9,15 m
- Der Schiedsrichter soll die Ausführung zulassen.
- Wenn der Ball ins Tor geht, wird der Strafstoß wiederholt.
- Wenn der Ball nicht ins Tor geht, wird der Strafstoß nicht wiederholt.
- Wenn der Ball von Torwart, Querlatte oder Torpfosten zurückspringt und wieder von diesem Spieler berührt wird, soll der Schiedsrichter das Spiel unterbrechen und es mit einem indirekten Freistoß zugunsten der verteidigenden Mannschaft fortsetzen.

Ein Mitspieler des Torwartes betritt den Strafraum, läuft vor die Strafstoßmarke oder nähert sich dem Ball auf weniger als 9,15 m

- Der Schiedsrichter soll die Ausführung zulassen.
- Wenn der Ball ins Tor geht, wird das Tor anerkannt.
- Wenn der Ball nicht ins Tor geht, wird der Strafstoß wiederholt.

Spieler beider Mannschaften übertreten die Regeln

- Der Strafstoß wird wiederholt.

Nachdem der Strafstoß ausgeführt wurde,

- **berührt der Schütze den Ball ein zweites Mal (aber nicht mit der Hand), bevor er von einem anderen Spieler berührt wurde.**
  Ein indirekter Freistoß ist für die gegnerische Mannschaft zu verhängen, der vorbehaltlich der zwingenden Bestimmungen der Regel 8 – Beginn und Fortsetzung des Spieles am Tatort ausgeführt wird.
- **spielt der Schütze den Ball absichtlich mit der Hand, bevor er von einem anderen Spieler berührt wurde.**
  Ein direkter Freistoß ist für die gegnerische Mannschaft zu verhängen, der am Tatort ausgeführt wird.
- **wird der Ball auf dem Weg nach vorne von einem äußeren Einfluß aufgehalten.**
  Der Strafstoß muss wiederholt werden.

Nachdem der Ball von Torwart, Torpfosten oder Querlatte ins Feld zurückgesprungen ist,

- **wird er von einem äußeren Einfluß aufgehalten.**
  Der Schiedsrichter muss das Spiel unterbrechen. Das Spiel wird mit Schiedsrichter-Ball an der Stelle fortgesetzt, wo der Ball von dem äußeren Einfluß berührt wurde.

Anweisungen des DFB

1. Der Schütze muss für Schiedsrichter und Torwart klar erkennbar sein. Führt ein anderer als dieser den Stoß aus, ist sofort zu unterbrechen. Der Spieler ist zu verwarnen.

2. Stört ein Spieler absichtlich die Vorbereitungen zum Strafstoß, so ist er durch Zeigen der gelben Karte zu verwarnen!

3. Der Schütze muss den Strafstoß in einem Zuge ausführen. Es ist z.B. nicht erlaubt, den Lauf unmittelbar vor dem Ball zu stoppen, um dadurch den Torwart zu täuschen.

4. Weigert sich bei der Ausführung eines Strafstoßes der Torwart, seinen Platz einzunehmen, so ist er zu verwarnen, und wenn er bei der Weigerung bleibt, ist der Spielführer einzuschalten.
   Ein Spieler der Mannschaft hat auf jeden Fall den Torwartposten einzunehmen.

5. Wenn ein Spiel zur Halbzeit oder am Ende der Spielzeit verlängert wird, um die Ausführung oder Wiederholung eines Strafstoßes zu ermöglichen, dann muss diese Verlängerung der Spielzeit bis zu dem Augenblick reichen, in dem der Strafstoß abgeschlossen ist, d.h. bis der Schiedsrichter entschieden hat, ob ein Tor erzielt wurde oder nicht.

6. Ein Strafstoß muss durch einen Pfiff freigegeben werden.

7. Wenn Spieler der ausführenden Mannschaft gegen die Ausführungsbestimmungen verstoßen und der Torwart den Ball ins Spielfeld abwehren kann oder wenn der Ball von Querlatte oder Torpfosten zurück-

prallt, so wird das Spiel unter Beachtung der Vorteilsbestimmung unterbrochen und mit einem indirekten Freistoß gegen die den Strafstoß ausführende Mannschaft fortgesetzt.

8. Wenn Spieler der ausführenden Mannschaft gegen die Ausführungsbestimmungen verstoßen und der Torwart den Ball über die Torlinie zu einem Eckstoß abwehren kann, so ist das Spiel mit Eckstoß fortzuführen.

Tanz den Helmut Markwort!

Elfmeter in Zahlen, Daten und Fakten

Elfmeterschießen bei internationalen Wettbewerben

Weltmeisterschaften (Männer):

1982
Halbfinale
BR Deutschland – Frankreich
5:4 n.E., 3:3 n.V.

1986
Viertelfinale
Brasilien – Fankreich 3:4 n.E., 1:1 n.V.
BR Deutschland – Mexiko 4:1 n.E., 1:1 n.V.
Spanien – Belgien 4:5 n.E., 1:1 n.V.

1990
Achtelfinale
Irland – Rumänien 5:4 n.E., 0:0 n.V.
Viertelfinale
Argentinien – Jugoslawien 3:2 n.E., 0:0 n.V.
Halbfinale
BR Deutschland – England 4:3 n.E., 1:1 n.V.
Argentinien – Italien 4:3 n.E., 1:1 n.V.

1994
Achtelfinale
Mexiko – Bulgarien 1:3 n.E., 1:1 n.V.
Viertelfinale
Rumänien – Schweden 4:5 n.E., 2:2 n.V.
Finale
Brasilien – Italien 3:2 n.E., 0:0 n.V.

1998

Achtelfinale

Argentinien – England 4:3 n.E., 2:2 n.V.

Viertelfinale

Italien – Frankreich 3:4 n.E., 0:0 n.V.

Halbfinale

Brasilien – Niederlande 4:2 n.E., 1:1 n.V.

2002

Achtelfinale

Spanien – Irland 3:2 n.E., 1:1 n.V.

Viertelfinale

Spanien – Südkorea 3:5 n.E, 0:0 n.V.

Weltmeisterschaften (Frauen):

1995
Viertelfinale
Schweden – China 3:4 n.E., 1:1 n.V.

1999
Spiel um Platz 3
Norwegen – Brasilien 4:5 n.E., 0:0 n.V.
Finale
USA – China 5:4 n.E., 0:0 n.V.

Europameisterschaften (Männer):

1976
Finale
CSSR – BR Deutschland 5:3 n.E., 2:2 n.V.

1980
Spiel um Platz 3
CSSR – Italien 9:8 n.E., 1:1 n.V.

1984
Halbfinale
Spanien – Dänemark 5:3 n.E., 1:1 n.V.

1992
Halbfinale
Dänemark – Niederlande 5:4 n.E., 2:2 n.V.

1996
Viertelfinale
Frankreich – Niederlande 5:4 n.E., 0:0 n.V.
England – Spanien 4:2 n.E., 0:0 n.V.
Halbfinale
Deutschland – England 6:5 n.E., 1:1 n.V.
Tschechien – Frankreich 6:5 n.E., 0:0 n.V.

African Nations Cup:

1980
Halbfinale
Algerien – Ägypten 4:2 n.E., 2:2 n.V.

1982
Finale
Ghana – Libyen 7:6 n.E., 1:1 n.V.

1984
Halbfinale
Nigeria – Ägypten 8:7 n.E., 2:2 n.V.
Kamerun – Algerien 5:4 n.E., 0:0 n.V.

1986
Finale
Ägypten – Kamerun 5:4 n.E., 0:0 n.V.

1988
Halbfinale
Nigeria – Algerien 9:8 n.E., 1:1 n.V.

Spiel um Platz 3
Algerien – Marokko 4:3 n.E., 1:1 n.V.

1992
Halbfinale
Kamerun – Elfenbeinküste 1:3 n.E., 0:0 n.V.
Finale
Elfenbeinküste – Ghana 11:10 n.E., 0:0 n.V.

1996
Viertelfinale
Gabun – Tunesien 1:4 n.E., 1:1 n.V.

1998

Viertelfinale

Tunesien – Burkina Faso 7:8 n.E., 1:1 n.V.

Elfenbeinküste – Ägypten 4:5 n.E., 0:0 n.V.

Spiel um Platz 3

Republik Kongo – Burkina Faso 4:1 n.E., 4:4 n.V.

2000

Spiel um Platz 3

Südafrika – Tunesien 4:3 n.E., 2:2 n.V.

Finale

Nigeria – Kamerun 3:4 n.E., 2:2 n.V.

2002

Finale

Kamerun – Senegal 3:2 n.E., 0:0 n.V.

Weltpokal:

1985
Juventus Turin – Boca Juniors Buenos Aires 4:2 n.E., 2:2 n.V.

1988
Nacional Montevideo – PSV Eindhoven 7:6 n.E., 2:2 n.V.

1995
Ajax Amsterdam – Gremio Porto Alegre 4:3 n.E., 0:0 n.V.

Europapokal-Wettbewerbe (mit Beteiligung von Klubs aus der Bundesliga und der DDR-Oberliga)

Landesmeister-Cup und Champions League:

1970/71
Achtelfinale
FC Everton – Borussia Mönchengladbach 4:3 n.E., 1:1 n.V.

1973/74
1. Runde
Atvidaberg FF – Bayern München 3:4 n.E., 3:1 n.V.

1975/76
1. Runde
1. FC Magdeburg – Malmö FF 1:2 n.E., 2:1 n.V.

1978/79
1. Runde
Dynamo Dresden – Partizan Belgrad 5:4 n.E., 2:0 n.V.

1984/85
1. Runde
Dynamo Berlin – FC Aberdeen 5:4 n.E, 2:1 n.V.

1990/91
Achtelfinale
Malmö FF – Dynamo Dresden 4:5 n.E., 1:1 n.V.

2000/01
Finale
Bayern München – FC Valencia 5:4 n.E., 1:1 n.V.

Europapokal der Pokalsieger (1999 eingestellt):

1970/71
Achtelfinale
Vorwärts Berlin – Benfica Lissabon 5:3 n.E., 2:0 n.V.

1971/72
1. Runde
Cardiff City – Dynamo Berlin 4:5 n.E., 1:1 n.V.
Halbfinale
Dynamo Moskau – Dynamo Berlin 4:1 n.E., 1:1 n.V.

1974/75
1. Runde
Carl Zeiss Jena – Slavia Prag 3:2 n.E., 1:0 n.V.

1975/76
Achtelfinale
Sachsenring Zwickau – AC Florenz 5:4 n.E., 1:0 n.V.

1981/82
1. Runde
PAOK Saloniki – Eintr. Frankfurt 4:5 n.E., 2:0 n.V.
Achtelfinale
Velez Mostar – Lokomotive Leipzig 0:3 n.E., 1:1 n.V.

1986/87
Halbfinale
Lokomotive Leipzig – Girondins Bordeaux 6:5 n.E., 1:0 n.V.

UEFA-Pokal:

1972/73
Achtelfinale
1. FC Kaiserslautern – Arafat Erewan 5:4 n.E., 2:0 n.V.

1973/74
Viertelfinale
Lokomotive Leipzig – Ipswich Town 4:3 n.E., 1:0 n.V.

1974/75
2. Runde
Dynamo Moskau – Dynamo Dresden 3:4 n.E., 1:0 n.V.

1977/78
2. Runde
Carl Zeiss Jena – RWD Molenbeek 6:5 n.E., 1:1 n.V.

1983/84
2. Runde
Bayern München – PAOK Saloniki 9:8 n.E., 0:0 n.V.

1985/86
1. Runde
HSV – Sparta Rotterdam 3:4 n.E., 2:0 n.V.

1987/88
Finale
Bayer Leverkusen – Espanol Barcelona 3:2 n.E., 3:0 n.V.

1988/89
Viertelfinale
Real Sociedad San Sebastian – VfB Stuttgart 2:4 n.E., 1:0 n.V.

1992/93
Halbfinale
AJ Auxerre – Borussia Dortmund 5:6 n.E., 2:0 n.V.

1993/94

Viertelfinale

Eintr. Frankfurt – Casino Salzburg 4:5 n.E., 1:0 n.V.

1996/97

Finale

Inter Mailand – Schalke 04 1:4 n.E., 1:0 n.V.

1999/2000

3. Runde

Borussia Dortmund – Glasgow Rangers 3:1 n.E., 2:0 n.V.

Elfmeterschießen in Europacup-Endspielen ohne deutsche Beteiligung

Landesmeister-Cup und Champions League:

1983/84
FC Liverpool – AS Rom 4:2 n.E., 1:1 n.V.

1985/86
Steaua Bukarest – CF Barcelona 2:0 n.E., 0:0 n.V.

1987/88
PSV Eindhoven – Benfica Lissabon 6:5 n.E., 0:0 n.V.

1990/91
Roter Stern Belgrad – Olympique Marseille 5:3 n.E., 0:0 n.V.

1995/96
Juventus Turin – Ajax Amsterdam 4:2 n.E., 1:1 n.V.

UEFA-Cup-Finals:

1983/84
RSC Anderlecht – Tottenham Hotspur 3:4 n.E., 1:1 n.V.

1999/00
Galatarasay Istanbul – FC Arsenal 4:1 n.E., 0:0 n.V.

Hardcore-Shootouts im DFB-Vereinspokal:
(DFB-Pokalspiele, die trotz Rück- bzw. Wiederholungsspiel erst im Elfmeterschießen entschieden wurden. Zur Erläuterung: Bis 1990 brauchte es für ein Elfmeterschießen zwei Spiele, die trotz Verlängerung keine Entscheidung gebracht hatten. Erst seit 1991 gilt: Die Entscheidung muss an einem Tag fallen.)

1971/72
Halbfinale (damals noch im Hin- und Rückspielmodus ausgetragen)
1. FC Köln – Schalke 04 4:1
Schalke 04 – 1. FC Köln 6:5 n.E., 5:2 n.V.

1973/74
1. Hauptrunde
Hertha BSC – Fortuna Düsseldorf 2:2 n.V.
Fortuna Düsseldorf – Hertha BSC 1:4 n.E., 1:1 n.V.
Achtelfinale
Borussia Mönchengladbach – HSV 2:2 n.V.
HSV – Borussia Mönchengladbach 3:1 n.E., 1:1 n.V.

1974/75
2. Hauptrunde
TSV Bleidenstadt – FC Homburg 0:0 n.V.
FC Homburg – TSV Bleidenstadt 0:2 n.E., 0:0 n.V.

1976/77
2. Hauptrunde
Tennis Borussia Berlin – Olympia Bocholt 4:4 n.V.
Olympia Bocholt – Tennis Borussia Berlin 1:3 n.E., 1:1 n.V.

1977/78
1. Hauptrunde
Saar 05 Saarbrücken – Wacker 04 Berlin 0:0 n.V.
Wacker 04 Berlin – Saar 05 Saarbrücken 1:1 n.V., 5:4 n.E.

1984/85

Achtelfinale

VfB Stuttgart – 1. FC Saarbrücken 0:0 n.V.

1. FC Saarbrücken – VfB Stuttgart 3:0 n.E., 2:2 n.V.

1986/87

1. Hauptrunde

Werder Bremen – Alemannia Aachen 0:0 n.V.

Alemannia Aachen – Werder Bremen 7:6 n.E., 0:0 n.V.

Pokalendspiele mit Elfmeterschießen

DFB-Pokal der Männer:

1983/84
Bayern München – Borussia Mönchengladbach 7:6 n.E., 1:1 n.V.

1990/91
Werder Bremen – 1. FC Köln 4:3 n.E., 1:1 n.V.

1991/92
Hannover 96 – Borussia Mönchengladbach 4:3 n.E., 0:0 n.V.

1998/99
Werder Bremen – Bayern München 5:4 n.E., 1:1 n.V.

DFB-Pokal der Frauen:

1984/85
FSV Frankfurt – KBC Duisburg 4:2 n.E., 1:1 n.V.

1992/93
TSV Siegen – GW Brauweiler 6:5 n.E., 1:1 n.V.

FDGB-Pokal (Vereinspokal der DDR):

1974/75
Sachsenring Zwickau – Dynamo Dresden 4:3 n.E., 2:2 n.V.
(Wir verweisen auf die CD »BSG Sachsenring Zwickau. FDGB-Pokalsieger 1975. Das dramatischste Pokalfinale in der Geschichte des DDR-Fußballs«.)

1981/82
Dynamo Dresden – BFC Dynamo 5:4 n.E., 1:1 n.V.

Elfmeter in der Bundesliga:

Wer hielt die meisten Strafstöße?*
1. Rudi Kargus, HSV: 23 (von 76)
2. Harald Schumacher, 1. FC Köln: 18 (von 89)
3. Norbert Nigbur, Schalke 04: 17 (von 65)
4. Andreas Köpke, 1. FC Nürnberg: 14 (von 43)
5. Dieter Burdenski, SV Werder Bremen: 14 (von 73)

Wer hielt gleich zwei in einem Spiel?
Peter Kunter (Frankfurt):
Hannover – Frankfurt 4:1**, 1965/66
Petar Radenkovic (1860 München):
Hertha BSC – 1860 München 4:2, 1969/70
Franz-Josef Pauly (Hannover):
Wuppertal – Hannover 2:1, 1973/74
Fred Bockholt (Offenbach):
1. FC Köln – Offenbach 0:1, 1974/75
Harald Schumacher (1. FC Köln):
VfB Stuttgart – 1. FC Köln 2:0, 1974/75
Wolfgang Kneib (Gladbach):
Kaiserslautern – Gladbach 1:3, 1978/79
Thomas Zander (1860 München):
1. FC Köln – 1860 München 2:1, 1979/80
Bernd Fuhr (Karlsruhe):
Gladbach – Karlsruhe 3:3, 1984/85
Ulrich Sude (Gladbach):
1. FC Köln – Gladbach 1:5, 1984/85
Ulrich Sude (Gladbach):
Bremen – Gladbach 2:0**, 1984/85
Gerald Ehrmann (Kaiserslautern): Waldhof Mannheim – Kaiserslautern 4:3, 1984/85

---

* *Waren die genannten Kicker für mehrere Vereine aktiv, ist der genannt, für den sie am längsten gespielt haben.*
** *Die Nachschüsse waren aber drin*

*Wer traf am häufigsten?**

1. Manfred Kaltz, HSV: 53 von 60
2. Gerd Müller, FC Bayern: 51 von 63
3. Michael Zorc, Borussia Dortmund: 49 von 57
4. Horst-Dieter Höttges, Werder Bremen: 40 von 48
5. Georg Volkert, HSV: 31 von 35
   Paul Breitner, FC Bayern: 31 von 37
   Wilfried Hannes, Gladbach: 31 von 38

*Wer schoss am zuverlässigsten?**

(Berücksichtigt sind nur Spieler, die mindestens 20 Elfmeter geschossen haben)

1. Rainer Bonhof, Gladbach: 20 von 21 = 95,24 %
2. Lothar Matthäus, FC Bayern: 30 von 33 = 90,91%
3. Georg Volkert, HSV: 31 von 35 = 88,57 %
4. Manfred Kaltz, HSV: 53 von 60 = 88,33 %
5. Stefan Kuntz, 1. FC Kaiserslautern: 27 von 31 = 87,10 %

* *Waren die genannten Kicker für mehrere Vereine aktiv, ist der genannt, für den sie am längsten gespielt haben.*

Diverse Rekorde

Wer bekam die meisten Elfmeter in einer Saison zugesprochen?
HSV, 14, 1998/99

Wer erzielte die meisten Elfmetertore in einer Saison?
FC Bayern, 13, 1980/81

Wer kassierte am meisten Elfmeter in einer Saison?
Hannover 96, 14, 1985/86

In welchem Bundesligaspiel wurden die meisten Elfmeter gepfiffen?
Borussia Mönchengladbach – Borussia Dortmund (4:5), 5, 1965/66. Es trafen Emmerich (2) für Dortmund, Milder und Netzer (der allerdings einmal auch verschoss) für Gladbach.

Wer verwandelte die meisten Elfmeter in einem Spiel?
Michael Nushöhr (VfB Stuttgart), 3, Stuttgart – Hannover 7:0, 1985/86. Auch bemerkenswert, weil er in 45 Bundesligaspielen insgesamt nur vier Tore erzielte.

Literatur (Auswahl):

- Michael Althen: Helden! – Fußball wird amerikanisch, *Süddeutsche Zeitung*, 25.5.01
- Andrew Anthony: On penalties, London 2000
- Christoph Bausenwein: Geheimnis Fußball. Auf den Spuren eines Phänomens, Göttingen 1995
- Alex Bellos: Futebol. A brazilian way of life, London 2002
- Hugo Borst: Watching the unbearable lightness of being instead of Chelsea-Arsenal, in: Simon Kuper (Hg.): *Perfect Pitch*, 2/98
- Mark Crossley: How to … save a penalty, *The Observer*, 6.1.02
- Karen Duve: Dies ist kein Liebeslied, Frankfurt/Main (Eichborn) 2002
- Christian Eichler, Lexikon der Fußballmythen, Frankfurt/Main (Eichborn) 2000
- Ders., Kleines Lexikon der Fußballnieten, Frankfurt/Main (Eichborn) 2002
- Eduardo Galeano: »Der Ball ist rund und Tore lauern überall«, Wuppertal 1997
- Ken Gall: Football Myths: Euro 96 was a raging success, *When Saturday Comes* 7/00
- Hardy Grüne/Matthias Weinrich: Deutsche Pokalgeschichte seit 1935, Kassel 2000
- Wolf Haas: Der Knochenmann, Reinbek 1996
- Ph. Heineken: Das Fußballspiel, Stuttgart 1898 und Hannover 1993
- Francis Hodgson: Only the goalkeeper to beat, London 1998
- Manfred Hofmann: Wie Sepp Herberger Toni Turek den Elfmeter beibrachte, in: Günther Willen: Alle lieben Fußball, Oldenburg 1998
- Ders.: Die 7 kleinen Geheimnisse des Mannes, Frankfurt/Main (Eichborn) 2003

- Ulrich Homann: Der Tag, an dem Norbert Nigbur unsterblich wurde, in: *Verlängerung – das andere Fußballmagazin*, Nummer 2, Essen 1995
- Matthias Kropp/Andreas Trapp: 35 Jahre Bundesliga-Elfmeter, Kassel 1999
- Dietrich Leder: In Zeitlupe. Die Geschichte des deutschen Fernsehfußballs, in: Jürgen Felix u.a. (Hg.): Die Wiederholung, Marburg 2001
- Joe McGinniss: Das Wunder von Castel di Sangrio. Ein italienisches Fußballmärchen, Köln 2000
- Claus Melchior: Ein Spiel dauert 90 Minuten – manchmal aber auch länger, in: *Der tödliche Pass*, Oktober 2000
- Clark Miller: He always puts it to the right, London 1998
- Rainer Moritz (Hg.): Vorne fallen die Tore, München 2002
- Lothar Müller: Plötzlicher Tod. Mit jedem »Golden Goal« wird das Spiel geopfert, *Süddeutsche Zeitung*, 20.6.02
- Petar Radenkovic: Bin I Radi, München 1968
- Verschiedene: The 11 worst misses ever!, *Total Football* 1/97
- Andrew Ward: Soccer's strangest matches, London 1989
- Ralf Wiegand: Bleierner Spaßkiller, *Süddeutsche Zeitung*, 18.5.01
- Paul Wilson: 10 worst penalty misses of all time, *The Observer*, 4.6.00